SALIR DE POBRES
Claves para el éxito financiero

Cua Arellano

Salir de pobres
Cua Arellano
Salir de pobres Copyright ©Cua Arellano
Primera edición: 2018

http://www.salirdepobres.com
ISBN: 9781790355495

Reservados todos los derechos. No se permite la reproducción total o parcial de esta obra, ni su incorporación a un sistema informático, ni su transmisión en cualquier forma o por cualquier medio (electrónico, mecánico, fotocopia, grabación u otros) sin autorización previa y por escrito de los titulares del copyright. La infracción de dichos derechos puede constituir un delito contra la propiedad intelectual.

Diseño de portada: María Trejo

Diseño, composición y correcciones: Clara Mónica Barrón Cepeda

Índice

- **9** **Agradecimientos**
- **11** **Introducción**
  - El poder de salir de pobres está en cada uno
- **15** **Paso uno: trabaje**
  - Lo más importante es uno mismo
  - Principios morales
  - Educación y capacitación
  - La regla de las diez mil horas
  - Educación a los niños
  - Actitud positiva y dinámica
  - La perseverancia, la superación y la exigencia a uno mismo
  - El pequeño esfuerzo extra
  - Descubrir nuestra vocación
  - Encontrar nuestras fortalezas y superar nuestras debilidades
  - Ser eficientes en nuestro tiempo
  - Delegar para separar nuestros ingresos de nuestro tiempo
  - Poner un negocio versus tener un empleo
  - Progresar en un empleo
  - Resumen paso uno: trabaje
  - Ejercicio: Plan de superación en el trabajo
- **45** **Paso dos: ahorre**
  - Vida austera o sencilla. Ahorrar es una actitud
  - No se haga de activos que no necesita
  - La vida familiar y las finanzas
  - Vida libre de vicios
  - El engaño de la riqueza súbita
  - Separar el ahorro
  - Saber comprar
  - Adquisición de bienes importantes
  - Los seguros de riesgo
  - El tiempo es dinero y el dinero es tiempo
  - Resumen paso dos: ahorre
  - Ejercicio: plan de ahorro
- **59** **Paso tres: invierta**
  - Su tiempo también es una inversión
  - Dónde invertir
    - a. Invertir en algo que genere más trabajo

- b. Invertir en algo que reduzca sus costos
- c. Invertir en instrumentos bursátiles
- d. Invertir en bienes raíces
- e. Invertir en una empresa con potencial
- f. Crear una empresa
- Evaluación de proyectos de inversión
- La libertad financiera
- El secreto de la reinversión
- Clases de inversionistas
- El manejo de la deuda
- El manejo de los impuestos
- No ceder al negativismo
- No caer en estafas
- Romper paradigmas
- La innovación
- Los estados financieros
- Plan de vida económica
- Obtención de financiamiento
- Diversificación por duración de la inversión
- Contratación de consultores
- Políticas de una nación para salir de pobres
- Resumen paso tres: invierta
- Ejercicio: plan de inversión
- Pasos a seguir para salir de pobres

109 No deje de leer
111 Unas últimas palabras
112 Anexo 1. Parábola de los granos de maíz
113 Glosario
121 Bibliografía
123 Agradecimientos finales

Saber cuándo tienes suficiente, es ser rico más allá de cualquier medida.

Lao Tse

Agradecimientos

Le agradezco a mi esposa por apoyarme con su aliento y por ser siempre mi compañera en los proyectos que he emprendido. De ella he obtenido un gran aprendizaje. También le agradezco por indicarme oportunamente cuando estoy errando el rumbo y por compartir su punto de vista.

A todos aquellos que en algún momento nos apoyaron y confiaron en nosotros, gracias.

En este libro comparto los mismos consejos que les doy a mis hijos. Si nacimos para ayudar, éste puede ser un pequeño grano de arena.

Introducción

Yo fui pobre, y muy probablemente usted ha sido, es o será pobre en algún momento de su vida. ¿No lo cree así? Hágase las siguientes preguntas y concluya usted mismo. Si pierde su trabajo hoy, ¿por cuánto tiempo puede sostenerse? ¿Qué porcentaje de sus bienes los debe al banco? ¿Cubre plenamente sus gastos mensuales sin recurrir al crédito? ¿Está en edad cercana a la jubilación y teme que ésta le sea insuficiente? ¿Carece de bienes que le generen alguna ganancia? ¿Siente que sus deudas lo agobian y puede caer en insolvencia o simplemente ya fue incapaz de cumplir con los pagos?

¿Qué significa ser pobre? Comúnmente se piensa despectivamente de alguien pobre, que es alguien con un nivel económico, cultural y social muy inferior, o que vive en la pobreza extrema, pero, para efectos de este libro, lo definiremos como alguien cuya situación económica carece de holgura, de forma que cualquier fluctuación económica puede afectar fuertemente su poder para cubrir plenamente las necesidades de alimentación, vivienda con servicios básicos, salud, educación, transporte y vestimenta, o causarle que incumpla con el pago de algún préstamo y pierda alguna propiedad inmobiliaria o vehículo, o quedar en bancarrota.

También conviene aclarar que el que no es pobre puede no ser rico u opulento, pero el camino para salir de pobre es el mismo que para llegar a rico. ¿Qué significa ser rico u opulento? El rico es aquel cuyos ingresos superan por mucho sus necesidades básicas y puede darse ciertos lujos y designar recursos importantes a conceptos fuera de sus gastos personales.

Usted tendrá dos caminos en su vida: el primero es el que la mayoría escoge: comienza desde joven a trabajar y empieza a gastar todo o más de lo que gana; disfruta de créditos y los va acumulado; el tiempo pasa y sus ingresos aumentan, pero tiene hijos, con lo que los gastos también aumentan, al igual que las deudas; después de que pasaron los años, los hijos se van y usted busca la jubilación, pero los ingresos de jubilado apenas le permiten sobrevivir y pasa el resto de su vida sufriendo una austeridad extrema generalmente acompañada de adeudos fuertes. El segundo camino es el que pocos escogen, a largo plazo le permitirá vivir bien y tranquilo y, cuando se jubile, seguirá viviendo cada vez mejor. Este libro detalla ese camino.

Mucha gente opina que ambicionar una mejor situación económica es malo, que es avaricia. La realidad es que a partir de cuando una persona se independiza de sus padres, dedica de ocho a doce horas diarias, cinco o seis días a la semana, a trabajar principalmente para obtener un ingreso económico, así que si la mayor parte de nuestro tiempo disponible, o sea, aquél tiempo que no lo dedicamos a comer y dormir, lo dedicamos a ganar dinero, nuestra obligación es que cada vez lo hagamos mejor; es decir, tenemos que buscar ser más eficientes y administrados para que cada vez tengamos un mayor bienestar, una mayor seguridad y, por supuesto, mayor tiempo libre. Esforzarse por mejorar no es ser avaro, sino nuestra responsabilidad. Resolver una problemática financiera no debe ser nuestro objetivo de vida, sino un medio para cumplir otros objetivos no financieros.

Si usted está leyendo estas líneas es porque ambiciona vivir mejor de lo que actualmente vive. No necesariamente implica que su calidad de vida esté muy mal, pero siempre es posible mejorar. La idea de este libro es compartir experiencias y principios para que aquellos que se identifiquen con ellos eventualmente experimenten una mayor calidad de vida y sean más felices, junto con sus seres queridos, no solamente en el ámbito financiero, sino en todos los aspectos de la vida.

¿Qué se puede esperar de este libro? En él se encuentra la descripción de una actitud o forma de ser que con el tiempo genera solvencia financiera. Implica también cambiar un poco nuestra forma de pensar, especialmente sobre cómo se debe usar el tiempo disponible y a dónde destinar el dinero que se recibe.

La fórmula para salir de pobre que propongo es muy simple y consiste en estos tres pasos: Trabaje – Ahorre – Invierta. Este libro está organizado en estas tres secciones. La propuesta no es nueva. Esta filosofía es implementada constantemente por aquellas personas que se han superado financieramente hasta ser multimillonarias. Hace unos años se transmitió por televisión un anuncio publicitario que remataba con esta misma fórmula. En un inicio puede parecer muy simple, y de hecho lo es, pero cada paso de la fórmula engloba muchas cosas que hay que saber y considerar.

¿Qué se puede esperar y qué no se puede esperar de este libro? En este libro no se ofrecen fórmulas mágicas para hacerse rico instantáneamente, pero sí podrá encontrar un lineamento que indiscutiblemente conduce a una mejora progresiva y a veces de forma muy acelerada. También se tratará de dar respuesta a cuestionamientos comunes que la gente tiene respecto a cómo ganar, gastar o invertir su dinero, tales como si es mejor comenzar un negocio o conseguir un trabajo, o si es bueno o malo adquirir una casa, o la mejor forma de adquirir un vehículo.

Aunque se buscó redactar este libro de forma sencilla, se utilizan varios términos financieros y contables que pueden consultarse en el glosario al final del mismo. El lenguaje es coloquial, y se incluye una explicación de cada una de las tres secciones de forma simple y concreta, de modo que el lector pueda entender todo sin mayor dificultad.

El poder de salir de pobres está en cada uno

Antes de entrar de lleno en cada uno de los pasos, es importante recalcar que el poder de superarse está dentro de cada uno, sin importar el contexto en el que se encuentre. Aunque se haya nacido en el seno de una familia muy pobre o se viva en un país en crisis, ocurran eventos desafortunados o no se haya tenido acceso a la educación, siempre va a haber una forma de superarse, solamente hay que desearlo y luchar por ello. Si uno no hace el esfuerzo por flojera, desidia o por pensar que es inútil intentarlo, entonces no hay nada que hacer, ya que la motivación nace desde adentro. Todos tenemos la oportunidad, pero hay que salir a buscarla.

1
Paso uno: trabaje

Visto desde la manera más simple, **si quiere dejar de ser pobre, primero póngase a trabajar,** pero a trabajar superándose. El principal objetivo de trabajar es generar un ingreso para vivir y ahorrar. Otros objetivos de trabajar son la realización personal por hacer algo de lo que se está orgulloso o satisfecho, así como el aprendizaje. El que trabaja y gana mucho dinero tiene recorrida la mitad del camino para salir de pobre. Ser exitoso en el trabajo tiene que ver con emprender, con superación, con esfuerzo y con apostar por aquellas oportunidades que nos traerán ingresos. Hay que tener sueños que perseguir. Los sueños nos motivan, nos dan un impulso gigantesco para lograr cosas que nunca hubiéramos creído posibles. Mucha gente sueña con ser un gran deportista, otra con ser estrella musical, otra con ser gran directivo de empresas, o profesionista, como doctor, arquitecto o publicista, entre otras profesiones. Para lograr estos sueños se requiere de superación, constancia, esfuerzo y, claro está, estar en el lugar indicado en el momento indicado.

Hay que empezar desde abajo. Si quiere ser millonario de la noche a la mañana, seguramente va a estar frustrado porque no es muy factible, a menos de que esa noche sea su noche de bodas con alguien millonario. Si es estable y paciente, ya sea en un empleo o en un negocio, poco a poco irá creciendo. En cambio, si cambia de giro o empleo muy frecuentemente, nunca va a establecerse o subir a puestos de mayor responsabilidad.

Las grandes fortunas se hacen con un gran esfuerzo y una gran visión para atrapar las oportunidades de crecimiento. Las historias de éxito rara vez son historias cortas; más bien son historias de dos, tres o cuatro décadas. Probablemente en una nación se presenten unas pocas historias de éxito repentino en varios años y generalmente son historias de artistas o deportistas; sin embargo, para el resto de la población, fuera de esas pocas personas, el éxito requiere de mucho tiempo, esfuerzo y sacrificio.

Si usted sueña con ser de las cinco o diez personas más ricas del mundo empezando desde cero, posiblemente está siendo irrealista; la realidad es que las principales fortunas del mundo son fortunas que han ido creciendo durante varias generaciones, aunque ha habido casos excepcionales de personas que han creado empresas y éstas se han vuelto gigantescas en un lapso de tiempo muy breve. También es válido y deseable ambicionar grandes logros en la vida; la historia está llena de nombres de personas que ambicionaron un logro y lucharon por él hasta que lo alcanzaron y muchos de ellos lograron grandes fortunas con ello.

Lo más importante es uno mismo

Hay autores de finanzas personales cuyo principal enfoque para producir riqueza reside en hacerse de activos que generen flujo de efectivo haciendo el mayor uso posible del apalancamiento. Hacerse de activos es uno de los pasos que propongo en este libro para salir de pobre y es algo favorable y recomendable, pero limitarse a esto equivale a reducir las alternativas disponibles para salir adelante.

Uno de los planteamientos de este libro y quizás el principal en este primer paso (trabaje) es reconocer que **el activo más importante que usted tiene es usted mismo**, por lo que debe procurar fortalecer y aprovechar ese activo y ser productivo. Para la gran mayoría de la gente la principal fuente de ingreso es producto de su propio esfuerzo y de sus habilidades, tanto para aquellas personas cuyo ingreso depende directamente de su trabajo y su tiempo personal, como para aquellas cuyo ingreso depende de la productividad que han logrado de algún activo o empresa, ya sea propia o ajena.

Hay deportistas, artistas, inventores y escritores, por mencionar algunas profesiones, que han ganado verdaderas fortunas mucho más allá de lo que el promedio de los empresarios van a llegar a ganar en su vida entera, y éstas fortunas se deben a que han invertido tiempo, dinero y esfuerzo en ser realmente talentosos en su profesión, así como en enfocar su tiempo en ser productivos. Lo mismo sucede con los directivos de empresas, quienes llegan a gozar de excelente remuneración, producto de su contribución a que las empresas para las cuales trabajan sean redituables y, en general, porque han desarrollado sus capacidades y han trabajado fuertemente para generar resultados, independientemente de que sean o no socios o propietarios de dichas empresas.

Una persona que se ha preocupado por desarrollar sus talentos, por hacerse de herramientas adecuadas y que es culta, disciplinada y trabajadora, seguramente va a ser exitosa, tanto profesional como financieramente. Las grandes empresas que tienen presencia mundial han llegado a ese nivel de impacto en la sociedad porque en sus comienzos hubo una o dos personas con un gran talento que ofrecieron sus servicios o algún producto desarrollado por ellas mismas. Si esas personas no hubieran trabajado en esas empresas, seguramente esas empresas no existirían en este momento. Cuando Bill Gates y Paul Allen fundaron Microsoft, los ingresos de la empresa provenían principalmente de servicios de desarrollo de software que hacían ellos directamente, inclusive para la empresa Apple, la cual posteriormente se convirtió en su principal competidora. Años después de la fundación desarrollaron productos que podían ser vendidos masivamente y la empresa creció exponencialmente. Lo relevante de la anécdota es que este éxito fue posible gracias a que los fundadores cultivaron fuertemente su talento, que en este caso fue el de desarrollar programas informáticos, y también a que trabajaron con gran esfuerzo para ser exitosos. Lo más importante de esta empresa cuando fue creada era su gente, y lo sigue siendo actualmente. Recuerde, para tener éxito profesional y financieramente lo más importante es usted mismo.

Desarrollar el talento también abre puertas. Si usted es talentoso tiene la inmensidad del mundo en la palma de su mano; usted tiene inclusive oportunidades de éxito más allá de las fronteras de su país; podrá perder en alguna catástrofe sus bienes, pero su talento lo ayudará a levantarse de nuevo. Lo anterior aplica para cualquier habilidad o profesión, ya sea un carpintero ebanista, un ingeniero electrónico, un programador, un traductor o un músico. Para un empresario ocurre igual, si fue exitoso en un lugar, lo más probable es que sea exitoso en otro. Los conocimientos y habilidades que usted haya adquirido lo acompañarán a donde quiera que vaya y serán su principal herramienta para salir adelante.

Principios morales

Algo básico y muy importante que contribuye al éxito es **ostentar y transmitir valores morales**. De todos los valores, tal vez la honestidad es el valor que nos ha traído más éxito a mi esposa y a mí. En los negocios, gran parte de los clientes son recomendados por otros clientes. Aquel que es honesto, sea cual sea su trabajo, desde un empleado, un directivo o un dueño de empresa, termina teniendo éxito y crecimiento profesional con el paso del tiempo. Este principio pudiera estar en posible contradicción con la imagen que tenemos de algunos políticos que hacen grandes fortunas abusando de sus cargos y siendo deshonestos, pero desde mi punto de vista no es el camino que le aconsejaría a mis hijos que siguieran. Aclaro que no todos los políticos son deshonestos; hay algunos que sí tienen una convicción auténtica por ayudar a los demás.

Aquel empresario o profesionista que es honesto termina teniendo más ventas porque los clientes confían en él. Se dice que "el que no tranza, no avanza", pero la realidad es que "el que tranza, no avanza", porque el que no es honesto no puede tener relaciones de negocios a largo plazo y, por lo tanto, crecer. He tenido la oportunidad de observar cómo empresarios con pocos principios morales pierden la confianza de sus clientes, quienes no les vuelven a solicitar trabajos, esa gente termina con serias dificultades tanto económicas como legales y familiares. El éxito económico siempre termina ligado al éxito familiar y personal. Los proveedores tampoco quieren venderle a los clientes deshonestos, lo que ocasiona que esos clientes deshonestos pierdan oportunidades en precio y servicio, y también tiempo, al tener que buscar más proveedores. **Todo negocio se basa en la**

confianza, confianza en que todos van a cumplir su parte para que cada uno se dedique a ser productivo, en lugar de estar resolviendo problemas causados por otros.

Cuando se es empleado, la falta de principios morales trae consigo la desconfianza dentro de la organización y, eventualmente, la pérdida del empleo. Si se pierde el empleo se presentará un estancamiento y siempre va a estar presente el fantasma de la pobreza. En cambio, cuando se es honesto se multiplican las posibilidades de crecimiento dentro de la empresa.

Otros valores, tales como la lealtad y la humildad, llevan a que el clima de trabajo sea más sano y a que, tanto los empleados como los clientes y proveedores, respondan positivamente, lo que eventualmente se traduce en menos problemas y mayores utilidades. La **constancia** es otro valor que contribuye fuertemente al éxito personal y laboral, porque si uno no se aferra a un sueño hasta alcanzarlo, el sueño se pierde en el olvido. Los sueños son metas, y las metas son guías que impiden que nos desviemos del camino a seguir. Estudiar el posgrado me requirió de muchas horas de dedicación por varios años, pero eventualmente terminó y vino la recompensa. Muchos compañeros desistieron y nunca se titularon.

Es necesario enfatizar los valores morales, ya que es importante permearlos a la gente que nos rodea. Si un negocio hace énfasis de forma explícita en atender bien a un cliente y cumplir plenamente con el ofrecimiento que se haya hecho, y todas las personas que trabajan en el negocio hacen un esfuerzo en este mismo sentido, la satisfacción de la clientela en general va a impulsar las ventas del negocio.

Educación y capacitación

El inicio de cualquier actividad que realizamos, ya sea laboral, familiar, social o financiera, está influenciado por nuestros principios morales y por nuestra educación. Sin importar la religión, clase social, nacionalidad o grupo étnico, **cualquier persona que tiene una mayor educación siempre tendrá mayores posibilidades de ser exitosa** que una persona cuyo nivel educativo es más bien bajo. Siempre existe la oportunidad de seguirse preparando. Esto no tiene que ver solamente con un grado académico, sino también con la visión que se tiene de la vida, con el trato y la facilidad de socializar, la capacidad de identificar oportunidades así como amenazas, entre muchos otros factores. La educación también puede ser técnica o artística. Hay músicos brillantes que no saben mucho de matemáticas, pero son geniales en su área de trabajo. La educación se puede obtener de muchas fuentes, especialmente hoy en día, ya que podemos aprender otro idioma, a usar alguna herramienta o técnica, tomar algún curso o leer algún libro prácticamente desde cualquier lugar, usando los dispositivos conectados a Internet y a un costo nulo o muy bajo. La superación también viene de la práctica. El hacer las cosas proporciona experiencia; es por eso que en el mundo laboral se usa mucho el término "años de experiencia" como indicador de que alguien va a poder cumplir de forma efectiva determinadas funciones.

Como en todos lados, algunas de las personas que trabajan conmigo se buscan superar. A esos trabajadores que han buscado aprender y se han superado, al final del día se les termina dando más responsabilidades y, por ende, un mayor salario.

Algunos autores sugieren que superarse estudiando una carrera y buscar un buen empleo es perder el tiempo, que es mejor poner a trabajar el dinero en lugar de trabajar para ganarlo. Yo no coincido con ellos, ya que, aunque definitivamente hay que poner a trabajar el dinero, primero hay que tener dinero para ponerlo a trabajar, y la principal manera de obtener dinero es trabajando, y para ganar más dinero trabajando hay que superarse. **La inversión más importante que debe hacer antes de empezar a invertir en otros lados, es en usted mismo.** Trabajar nos permite aprender, y el conocimiento es muy valioso, además de permitirnos tener la satisfacción de ser productivos. El ingreso promedio de la población se incrementa cada vez que se concluye un período educativo, siendo más o menos de un 20% de incremento entre la educación básica y la educación media baja, al igual que entre la educación media baja y la media alta. Sin embargo, el ingreso promedio al tener concluidos los estudios a nivel medio respecto al nivel superior es casi del doble. Por lo tanto, el esfuerzo que se hace para graduarse de una carrera profesional vale la pena. Un título universitario, ya sea en administración, ingeniería u otra área, marca una gran diferencia en el posible nivel de ingresos futuros, en primera instancia, por un posible sueldo, pero sobre todo por el conocimiento y la visión que proporciona.

La otra manera de obtener dinero es **construir proyectos de inversión** donde otra persona sea la que aporte el capital y, eventualmente, de la utilidad que se genere, se puede cobrar una comisión, pero esa gente espera que su dinero esté seguro y que sea empleado correctamente, y eso se logra en parte teniendo una buena educación y aprendiendo al trabajar. Por otro lado, construir proyectos de inversión puede considerarse como trabajar.

La educación también implica estar actualizado en las herramientas y la forma de trabajar de cada ramo. Un doctor que domina y tiene las herramientas de una técnica más reciente y con mejores resultados, va a tener una mayor demanda de tratamientos. Lo mismo sucede con los dibujantes o arquitectos que pueden hacer perspectivas computarizadas; aquellos que logran los trabajos más realistas pueden cobrar más y seguramente van a contratarles más trabajos.

La regla de las diez mil horas

En los años noventa del siglo XX se popularizó la idea, promovida en parte por el autor Malcolm Gladwell en su libro *Fuera de serie (Outliers)*, de que para ser un experto en una materia se requiere de diez mil horas de práctica. Eso no implica que lo que uno haga en las primeras quinientas horas no sirve, sino que se va aprendiendo de forma progresiva y se va mejorando en ese rubro. Esta regla es una forma de establecer un parámetro que nos puede servir de referencia cuando nos preguntemos sobre el tiempo estimado de práctica que nos lleva para ser exitosos en una profesión. En otras palabras, el éxito viene acompañado, entre otros factores, de al menos cinco o diez años de práctica. La experiencia atrae clientes, ya que éstos confían más en quien tiene mayor experiencia. Por ejemplo, un médico especialista con quince o veinte años de experiencia tiene un mayor dominio de su ámbito que uno recién egresado, y un posible paciente suyo va a atribuirle mayores posibilidades de tratamiento exitoso, además de que en su carrera, el médico experimentado ha atendido a mucha gente, por lo que tiene más recomendaciones que el recién egresado: "la práctica hace al maestro".

Otro ejemplo es el de Justin Timberlake, quien se encuentra en la cúspide de su carrera y es unos de los cantantes con más ingresos a nivel mundial. Al investigar su historia de vida, encontré que su éxito no es momentáneo, sino más bien progresivo. Él comenzó su carrera desde que era niño y poco a poco ha ido escalando. Seguramente ha completado diez mil horas de práctica varias veces, y en su espectáculo muestra un dominio completo del arte musical. Es cierto que no a todos los artistas les va igual de bien, ni que la regla de las diez mil horas es la única causa de su éxito, pero definitivamente es uno de los factores principales.

Educación a los niños

La educación financiera es algo que también se debe impartir a los niños, ya que a esa edad se comienzan a adquirir hábitos. A un hijo se le pueden dar pequeños trabajos con los que gane un poco de dinero que después puede usar para comprarse cosillas, siempre con la supervisión de los padres. Esto le genera gusto por el trabajo, ya que recibe un satisfactor a cambio, llámese juguetes, dulces o una entrada al cine. Cuando crezca tenderá a ser una persona trabajadora y posiblemente emprendedora. Un beneficio secundario es que el niño adquiere confianza en sí mismo, lo que no tiene precio. Al trabajar y tener ingresos, aunque sea a pequeña escala, el niño adopta la idea de que a través del trabajo puede sobrevivir, algo que el ser humano busca por naturaleza. Un niño con confianza tolera mejor las frustraciones y aprende a no rendirse ante las adversidades. Otra cosa que los niños aprenden al trabajar es a hacer las cosas con calidad, y eso también genera autodisciplina.

Un niño también puede aprender a emprender, y precisamente a esa edad es más fácil hacerlo, ya que con sus pequeños negocios tiene un riesgo de pérdidas nulo. Realizar esos pequeños emprendimientos conlleva cometer pequeños errores, lo que, además del aprendizaje, fortalece la resistencia a la frustración y la autoconfianza. Cuando un niño emprende, es aconsejable enseñarle a registrar sus ingresos y egresos, para que vea si ganó o perdió. Estos pequeños experimentos resultan invaluables porque los niños viven lo que es ganar o perder en su pequeño proyecto.

Otro concepto que se puede inculcar a los pequeños es el ahorro, especialmente se les enseña a hacerlo para conseguir un objetivo que les importa, como comprar un juguete o para tener recursos para pequeños emprendimientos; es decir, aprenden a solventar los costos de sus pequeños proyectos con su propio trabajo, recurriendo lo menos posible a un préstamo de sus papás.

Actitud positiva y dinámica

Aunque en todos lados siempre se comenta, no está de más recalcar que tanto la actitud positiva como la actitud dinámica, es decir, echarle ganas, siempre contribuirán al éxito. Al final del día siempre será de esperarse que una persona positiva y dinámica logre mejores resultados que una con actitud negativa. ¿Por qué? Porque la persona negativa se va a detener por cuenta propia, y la positiva va a buscar la manera de lograr sus metas, y lo hará sin rendirse hasta lograrlo. Un ejemplo muy famoso es el caso de Thomas Alva Edison, quien inventó una bombilla eléctrica para iluminar las casas y falló cientos de veces antes de conseguirlo. Edison pudo rendirse, pero fue positivo y perseveró en sus intentos, siempre aprendiendo de cada fallo, hasta que por fin logró tener un producto estable. El principio físico que hace posible la bombilla de hecho fue descubierto por Humphry Davy; un inglés llamado Joseph Wilson Swan también desarrolló su versión de lámpara incandescente, pero Edison la mejoró notablemente a través de sus cientos de fallos y la comercializó más efectivamente, quedándose con el crédito final.

La actitud es fundamental. A las grandes empresas les gusta contratar ejecutivos administrativos que sean deportistas, especialmente si han sido ganadores en competencias. La razón es simple: los deportistas requieren de constancia y disciplina en su entrenamiento para destacar sobre otros competidores, y es de esperarse que esa actitud la lleven también a su desempeño laboral. El lado opuesto es la desidia. Conozco varias personas que estudiaron carreras profesionales y que no obtuvieron su título profesional gracias a la desidia, posiblemente porque pensaron que les costaría tiempo, esfuerzo y dinero obtenerlo. Sin embargo, el costo real de no mantenerse firmes en su objetivo fue la pérdida de mejores oportunidades laborales y el estancamiento a largo plazo. Conozco a una persona que estudió la licenciatura en derecho, pero que abandonó los estudios un poco antes de titularse, en parte debido a la comodidad de disponer, desde antes de graduare, de un empleo. Si hubiese hecho el esfuerzo por obtener el título habría recibido un mucho mejor puesto dentro de la misma empresa y podría haberse mantenido creciendo laboralmente, pero con el tiempo se quedó estancado. Otro caso es el de un estudiante de ingeniería civil, hijo de un trabajador mío, quien necesitaba desarrollar una tesina para graduarse, pero no lo hizo y perdió la oportunidad de ser responsable técnico de construcciones y recibir un buen incentivo económico por ello.

La perseverancia, la superación y la exigencia a uno mismo

Si no se motiva a superarse, nadie lo hará por usted. Los padres buscan motivar de diferentes maneras a los niños para que estudien y obtengan buenas calificaciones; unos les enseñan a disfrutar de lo que aprenden, otros no lo hacen. Unos buscan que sus hijos vean que sí tienen capacidad para cumplir con su obligación de estudiar y que su autoestima crezca, mientras que a otros padres no les importa. Unos buscan que sus hijos crezcan en un ambiente positivo, otros son padres ausentes. Aunque hay otros factores en juego, por estas razones siempre hay alumnos más brillantes que otros. Una vez que se alcanza la independencia y ya no se vive bajo el techo familiar, los padres dejan de ser determinantes para la superación de los hijos, más allá del ejemplo que les hayan dado: el origen de la motivación reside en cada quien. Se dice que "el que persevera, alcanza", por eso **es necesario fijarse metas** y luchar por ellas, pues eventualmente las alcanzaremos. **Perseverar es continuar enfocando nuestro tiempo y esfuerzo en una meta específica a pesar de encontrar dificultades, hasta lograr el objetivo.**

La relación de la perseverancia con la actitud positiva es que aquella persona que sabe y cree que cierta meta es factible, aunque tome mucho tiempo, va a tener siempre una razón para perseverar en la lucha por alcanzar la meta. La actitud positiva tiene que ver, por un lado, con estar acostumbrado a tolerar las continuas frustraciones previas al éxito y, por otro, con aceptar seguir adelante aún sin saber cuánto tiempo nos lleve alcanzar el objetivo. También es común subestimarse y dejar de lado cualquier proyecto. "**Hay que creérsela**"; en otras palabras, hay que confiar en que se tiene la capacidad para llevar a cabo las actividades necesarias para lograr determinada meta, con la perseverancia correspondiente. Eso sí, hay que ser realistas y prácticos, y ponerse metas que impliquen un reto, pero que sean alcanzables.

Una de muchas historias brillantes de perseverancia es la de José Hernández, quien de pequeño soñó con ser astronauta; su padre era campesino de modestos recursos, y él y todos sus hermanos tenían que ayudar en la cosecha, aunque fuesen pequeños. Para estudiar tuvo muchas dificultades, ya que además tenía que trabajar en la cosecha y no dominaba el idioma del país donde residía. Ya mayor, habiendo estudiado ingeniería, ingresó a la agencia espacial norteamericana (NASA) y fue rechazado continuamente para ser parte de alguna tripulación de un viaje al espacio. En cada ocasión analizó las causas de su rechazo, se fijó un plan de superación y lo aplicó para regresar e intentar nuevamente. Fue rechazado once veces por diferentes motivos y, finalmente, fue aceptado. Hoy en día es escritor y se dedica a dar pláticas motivacionales sobre la perseverancia y la superación.

La gente que tiene una actitud constructiva día a día mejora, aunque sea sólo un poco a la vez. Mantener una actitud constructiva y ser optimista abre el camino a la superación. La superación generalmente tiene que ver con aprender cosas que son pequeñas y fáciles, pero que van acumulándose y eventualmente hacen la diferencia. Con la superación aumentan los ingresos, y esos excedentes se pueden usar para invertir.

La superación se consigue principalmente preparándose, estudiando. Al que sabe poco se le dan menos responsabilidades que al que sabe mucho, y la sabiduría puede llegar por experiencia o estudiando. Un violinista que tomó estudios de música clásica puede ser parte de una orquesta; un ingeniero industrial puede estudiar estadística y control de calidad y puede ser contratado en una planta manufacturera.

Otra área importante de la superación es el desarrollo de la imagen personal; si una persona quiere lucir como ejecutivo, doctor, arquitecto, artista, deportista o piloto aviador, debe aprender a arreglarse como tal, desde el corte de pelo hasta la ropa y la manera de hablar y conducirse. En los grupos de consultoría enfocados en la alta gerencia en los que laboré cuando estaba recién graduado de la universidad se exigía que todos los consultores, indistintamente de su nivel, vistiesen con formalidad y elegancia, ya que los directivos confían en los consultores que están al menos al mismo nivel educativo que ellos, y es que los seres humanos tendemos a relacionar la formalidad en la vestimenta con el nivel de preparación y capacidad administrativa. Cuando mi esposa se entrevistó por primera vez con uno de sus clientes, traía los zapatos empolvados porque había ido a supervisar una construcción, al cliente le gustó el detalle y le asignó el proyecto de construcción porque él concluyó que los zapatos sucios se debían a que sí visitaba las obras; si ella hubiera ido vestida muy formal, él hubiera podido pensar que era una arquitecta de escritorio.

Otra área de superación es el liderazgo, que requiere de aprender a encaminar a otras personas hacia un objetivo fijado por nosotros, mientras que se les ayuda a que alcancen sus objetivos de superación personal. Relacionado al desarrollo del liderazgo encontramos el desarrollo del carácter y la inteligencia emocional, que es la habilidad de entender y canalizar de forma positiva nuestras emociones, así como tener empatía hacia las emociones de otras personas.

La perseverancia también se aplica a la ejecución de proyectos. Alguien puede tener el sueño de escribir una obra de teatro, pero si no dedica tiempo a ello, nunca va a terminar. Algunos proyectos toman meses o años para su ejecución e involucran el completar un sinfín de pequeñas tareas diversas antes de que el proyecto empiece a generar frutos. Para superarse es necesario fijarse objetivos y desarrollar hábitos alrededor de ellos. Tenemos que cuidar de no fijarnos objetivos muy difíciles o demasiado fáciles de alcanzar, sino objetivos realistas que nos motiven a superarnos en lugar de desmotivarnos. Dentro de estos objetivos tenemos que establecer prioridades de acuerdo a nuestros intereses, nuestra situación en particular y nuestros valores, jerarquizando de acuerdo a su importancia y urgencia.

El pequeño esfuerzo extra

Cuando se está llevando alguna actividad que requiere de mucho tiempo es importante fijarse metas diarias de avance cuantificables y medibles para eventualmente llegar a completar el objetivo. Una vez conocí a un joven que se fue en bicicleta desde Panamá hasta la Patagonia y comentó que su meta diaria era avanzar 60 kilómetros. Ejemplos más cotidianos y simples de metas diarias son, cuando se estudia un curso, completar un capítulo, o, cuando se lee un libro, cubrir determinado número de páginas. Para los casos en que el objetivo es mejorar un rendimiento o eficiencia también se pueden establecer metas diarias de práctica. Por ejemplo, un nadador olímpico se puede fijar una meta diaria de diez o veinte mil metros por cada estilo de nado, así como un corredor puede tener una meta diaria de veinte o treinta kilómetros. Esta meta diaria puede incrementarse según se va mejorando el rendimiento.

El principio del pequeño esfuerzo extra significa que, una vez cumplida la meta de avance diario, se haga un esfuerzo adicional para sobrepasar la meta en un porcentaje pequeño. Esta pequeña diferencia puede, con el tiempo, ser la gran diferencia. Se cuenta que cuando se dio la competencia por alcanzar el polo sur por primera vez, el equipo del inglés Robert Falcon Scott perdió la competencia ante la expedición del noruego Roald Amundsen y uno de los factores que marcaron la diferencia fue que este último se exigía ese pequeño esfuerzo extra y avanzaba unos cuantos kilómetros más, aún cuando el equipo ya estaba agotado. Los otros factores que llevaron a Amundsen a realizar la hazaña, como la preparación y las experiencias previas, la ruta elegida, la alimentación y la elección de perros de arrastre, fueron también determinantes, pero indudablemente el pequeño esfuerzo extra en el recorrido diario marcó una diferencia.

Si usted quiere superarse, recuerde que puede hacer ese pequeño esfuerzo extra y con el tiempo observará que no solamente lo ayudó a cumplir el objetivo principal en menor tiempo, sino que lo ayudó a fortalecer la disciplina. Aquellas personas que sobresalen y hacen logros extraordinarios son aquellas que fortalecen su carácter y dan ese pequeño extra en el día a día.

Descubrir nuestra vocación

Puede sonar a cliché, pero enfocarnos en algo que nos gusta tiene buenas ventajas. La primera es que le dedicamos más tiempo y, por ende, adquirimos más conocimiento en esa materia. La segunda es que, mientras se va adquiriendo la habilidad en alguna cosa, el gusto por ella también aumenta. Como sucede con los niños pequeños, a quienes no les gusta leer porque les cuesta mucho trabajo, pero una vez que adquieren práctica, van cultivando el gusto por la lectura. Lo mismo pasa con los oficios, las artes y las finanzas. No tiene caso dedicar lo más preciado que uno posee, que es el tiempo, a algo que no nos gusta. ¿Se acuerda de la regla de las diez mil horas para el éxito? Le puedo asegurar que si el ramo al que se le va a dedicar todo este tiempo es placentero, esas diez mil horas se irán volando, mientras que si no lo es, pasarán muy lentamente.

Hay que ser cautelosos con el concepto de descubrir nuestra vocación y no malinterpretarlo y tomarlo como argumento para renunciar intempestivamente a un empleo. Para evitar caer en la inestabilidad laboral debemos hacer los cambios en el rumbo de forma paulatina. También es necesario reconocer que toda actividad siempre conlleva cosas que nos agradan y otras que no nos agradan mucho, pero hay que tomar las cosas de forma positiva y seguir adelante. La gente que es demasiado inestable fácilmente puede encontrar mil justificaciones para aborrecer una actividad y picar en un lado y después en otro, y así sucesivamente.

Encontrar nuestras fortalezas y superar nuestras debilidades

Para poder llegar lejos, pero muy lejos, tenemos que concentrarnos en nosotros mismos y con toda sinceridad reconocer cuáles son nuestras debilidades y, sobre todo, cuáles son nuestras fortalezas. Nuestras fortalezas generalmente vienen relacionadas con nuestros gustos. Alguien que disfruta de la música y de tocar instrumentos seguramente va a desarrollar sus habilidades en el ámbito musical. **Cuando se toma un empleo, se pone un negocio o se ofrece un servicio, lo primordial a largo plazo es que a uno le guste lo que hace.** Si no nos gusta lo que hacemos, entonces estamos regalando nuestra vida a algo que no vale la pena. Algún día, cuando lleguemos a la edad de jubilarnos, debemos poder decir: "He dedicado mi vida a lo que yo quería".

Al igual que con las fortalezas, todos tenemos debilidades; todos tenemos algo en lo que somos menos capaces simplemente por nuestra genética o por falta de práctica. Yo, por ejemplo, soy olvidadizo; si no tengo a la vista algún objeto que me tengo que llevar, lo olvido, o si tengo muchos pendientes, tiendo a olvidar algunos. Lo primero que tenemos que hacer para superar nuestras debilidades es reconocerlas y aceptarlas. No debemos sentirnos inferiores o deprimirnos por aceptar alguna debilidad, nos debemos preocupar cuando tengamos alguna debilidad de la que no seamos conscientes. Una vez que identificamos alguna debilidad, tenemos que plantearnos una manera de superarla. Por ejemplo, el griego Demóstenes era tartamudo y para superarse puso piedritas en su boca y se esforzó por hablar claro; el esfuerzo y la práctica constante lo llevaron a ser uno de los mejores oradores de su época. En mi caso, para dejar de olvidar cosas o actividades tuve que volverme riguroso en escribir en mi agenda los pendientes y asignarles un tiempo de desarrollo y, cada vez que recuerdo algún pendiente, lo registro inmediatamente antes de que vuelva a caer en el olvido. Richard Branson es un empresario inglés realmente exitoso que se jacta de tomar notas de todo, de forma que cuando necesita recordar los detalles de algo, los encuentra en sus apuntes.

Un pensamiento importante a recordar: si nos enfocamos en superar nuestras debilidades, vamos a ser personas promedio. Si nos enfocamos en aumentar nuestras fortalezas, podemos llegar a ser sobresalientes.

Ser eficientes en nuestro tiempo

El tiempo es oro y vuela, así que debemos cuidarlo. La lucha de cada día consiste en avanzar lo más que se pueda en el menor tiempo posible. Para ser más eficiente, hay que procurar anotar de forma anticipada los pendientes del día o los días siguientes y asignarles un tiempo y un horario, de manera que cada día baste con seguir ese programa ya trazado. Es de mucha ayuda apoyarse en agendas.

Es importante asignar prioridades a las actividades, de forma que se maximicen los logros. Por ejemplo, cuando se busca una venta, se debe contar con una lista de prospectos y estimar el tiempo que tardarán en comprar y el potencial de compra de cada uno, de esta manera, podrá enfocarse en aquellos clientes que sean más redituables y que se consideren más propensos a generar ingreso. Si usted se enfoca exclusivamente en los clientes con mayor potencial de compra, pero que son los más lentos en realizarla, puede llegar el caso de que la compra jamás se realice. De igual manera, si se enfoca en los clientes de menor potencial de compra solamente porque son los que más fácilmente pueden generar un ingreso, se puede dar el caso de que las ventas sean demasiado pequeñas. Este mismo principio aplica para cualquier inversión o proyecto que se realice.

Otra manera de ser eficientes en el tiempo es delegar trabajo. Un familiar de mi esposa decía que sus ojos hacen más que sus manos; es decir, si él delegaba el trabajo y solamente lo supervisaba, avanzaba varias veces más que si él personalmente hacía el trabajo. Sabemos que **"negocio que no da para el empleado, no es negocio"**. Si un negocio tiene rendimientos tan bajos que uno tiene que hacer todo el trabajo operativo porque no da para más, el negocio nunca va a poder crecer, y sólo va a ser fuente de trabajo personal. Esto no quiere decir que vamos a procrastinar, sino que debemos delegar para enfocarnos en generar más negocio. Auto emplearse significa que nos asignamos funciones y un salario en nuestro propio negocio. Mientras escribo estas líneas un par de trabajadores están cortando el pasto de mi casa, y lo que para ellos implica un ingreso, para mí implica un ahorro de un par de horas que me sirven para concentrarme en mis negocios y en escribir este libro, además de que seguramente ellos cortarán el pasto mejor que yo.

Hace mucho tiempo, mientras estudiaba la licenciatura, todos los días tenía que tomar una de las principales avenidas en la que los vehículos suelen circular a bastante velocidad, pero frecuentemente me encontraba con que en uno de los carriles centrales circulaba una fila de vehículos a mucha menor velocidad, lo que les dificultaba el cambio de carril. Cuando algún automóvil lograba cambiar de carril y avanzar, podía identificar la causa del problema: al frente de la fila generalmente circulaba un automóvil bastante viejo y deteriorado, una carcacha, así que lo bauticé como el *factor carcacha*. Posteriormente comencé a aplicar el concepto a cualquier cosa que me retrasara. En los negocios también tenemos que identificar al factor carcacha que nos está retrasando; tenemos que cambiar de carril y avanzar más rápido para conservar nuestro tiempo. Si nuestro dinero está en un proyecto que simplemente no tiene rendimiento, ese proyecto es un factor carcacha. Hay proyectos que van por el carril de alta velocidad y proyectos que van por el carril de la carcacha, escoja de los primeros.

Delegar para separar nuestros ingresos de nuestro tiempo

Si nuestros ingresos dependen completamente de nuestro tiempo, entonces pueden estar limitados. En cambio, si para generar algún ingreso casi no requerimos dedicarle tiempo, entonces podemos crecer ilimitadamente, lo cual se consigue paulatinamente. Esto tiene que ver tanto con invertir, tema que trataremos a fondo más adelante, como con delegar. Imagine que es vendedor de bienes raíces, por lo que sus ingresos dependen de estar mostrando propiedades a posibles clientes. Si usted deja de mostrar propiedades, automáticamente deja de percibir sus ingresos. En cambio, si de alguna forma tiene el control de la venta de las propiedades, puede hacer convenios con otros vendedores y tener ingresos sin tener que estar presente para mostrar las propiedades.

Delegar también tiene que ver con la personalidad. Aquella gente que no confía en terceros nunca va a delegar; esta clase de gente es la que piensa que solamente ella puede hacer bien las cosas y, por consiguiente, les toma demasiado tiempo salir adelante. Es usual encontrarse personas así: son indecisas, tienen mucha inseguridad, por lo que no les gusta arriesgar, tienden a ver solamente el detalle de las cosas y no la perspectiva global y, en ocasiones, tratan mal a la gente que llegan a contratar, no saben valorar adecuadamente su trabajo, por lo que después quieren hacerlo ellas mismas y terminan batallando por falta de tiempo, experiencia y conocimiento. Al no valorar el trabajo ajeno, algunas personas inclusive llegan a ser deshonestas; una vez una persona que conocí con este perfil solicitó los servicios de un agente de bienes raíces para que le buscara un terreno y, una vez que le encontró el terreno que le gustó, buscó la manera de obtener los datos del propietario y lo contactó directamente para no pagarle la comisión al agente. El otro tipo de personas es al que le gusta delegar y enfocar su tiempo en ser más productiva. Delega pero lleva los controles necesarios para mantener todo en orden y dentro de estándares de calidad. Personas así llegan a prosperar fuertemente. Si alguien no hace bien su trabajo, lo corrigen o buscan quien lo remplace y siguen adelante, pero no se ponen ellas mismas a hacer todo el trabajo. Esto funciona tanto para gente con negocio propio como para gente empleada en alguna empresa

Delegar implica comunicar a quienes se están delegando funciones, el detalle de cómo se quiere que esas funciones se ejecuten, lo cual puede hacerse a través de un listado de estándares de calidad, un manual de procedimientos y, por supuesto, acompañándolos, capacitándolos, supervisándolos y corrigiéndolos en el día a día.

Poner un negocio versus tener un empleo

Con el paso del tiempo, y después de analizarlo muchas veces, he llegado a la conclusión de que ninguna de las dos opciones es mejor que la otra. En ambos sentidos hay historias tanto de fracasos estrepitosos como de éxitos grandiosos.

Mucha gente sueña con ser dueña de un negocio, otra elude temerosa esta alternativa justificándose con mil barreras para hacerlo. Por un lado, la realidad es que tener un empleo en alguna empresa puede ser una muy buena opción, mientras que empezar una empresa siempre conlleva riesgos. Por el otro lado, generalmente es más fácil comenzar una empresa cuando la vida profesional de uno apenas va comenzando, en lugar de hacerlo después de veinte años. Yo conozco varias personas que toda su vida han sido empleadas, y sus ingresos han sido formidables. Hay que ser conscientes de que también cuando se está empezando la vida laboral los trabajos que se tienen son de bajo nivel y poco a poco se va escalando, según se va demostrando que se puede cumplir con las responsabilidades asignadas. También es importante considerar que hay profesiones y empleos que la gente realiza por gusto, como el ser científicos, policías, corredores de autos, docentes y bomberos, entre muchos otros, y que difícilmente se pueden llevar a cabo en un negocio o de forma independiente. **La satisfacción de realizar un determinado trabajo es el factor más importante a tomar en cuenta antes de emprender un proyecto.** Una persona recién jubilada tiene que pensar de la forma en la que deberían pensar los que apenas empiezan; es decir, hay que trabajar en lo que más se disfrutaría, y mejor si le pagan a uno por ello. Aquí es importante hacerse a uno mismo la siguiente pregunta: en el supuesto e imaginativo caso de llegar a heredar o ganar la fortuna equivalente al ingreso de toda una vida de medio centenar de personas, es decir, recibir una fortuna por mucho más allá de lo requerido para vivir por unas tres generaciones, ¿me dedicaría a lo mismo y de la misma forma? Si la respuesta es afirmativa, aunque sea con algunos pequeños cambios, entonces se está en el camino correcto.

El mejor rumbo que podemos tomar también depende de nuestras habilidades. Una persona puede ser brillante en una empresa, pero un completo fracaso con un negocio propio, y viceversa. Imaginemos a un sobresaliente artista de dibujos animados, pero con nulo criterio administrativo; esta persona pudiera ser la consentida de una empresa gigante productora de series animadas, recibir un jugoso sueldo y vivir feliz. Sin embargo, si esta misma persona decide rentar unas oficinas muy amplias y contratar a un ejército de dibujantes antes de tener contratos de clientes, puede ser que termine en la quiebra al poco tiempo. También puede suceder que este artista termine dedicando su tiempo a conseguir ventas y a atender las cuestiones administrativas de un negocio en lugar de dedicarse a lo que disfruta, que es crear arte.

Es común que muchos jóvenes, al terminar sus estudios de bachillerato, elijan la carrera profesional que van a estudiar basándose más en la promesa de éxito de determinadas profesiones que en su vocación y habilidades. Esto es un error, ya que en todas las profesiones hay casos de éxito y casos de fracaso. El mismo error se repite o prolonga cuando se va a empezar la vida laboral, al buscar alternativas laborales fijándose más en una promesa de ingreso que en una compatibilidad con los gustos y habilidades propias.

Al escoger una actividad también conviene considerar esta premisa: **el cómo desarrollamos la actividad a la que nos dediquemos va a fijar el límite de nuestro crecimiento.** No importa el tipo de actividad al que nos queramos dedicar, la forma en que lo hagamos va a ser determinante en el alcance que tengamos. Por ejemplo, un técnico en mantenimiento residencial que descuida su presentación, la calidad y los procedimientos, vive en el desorden, no se capacita continuamente y no delega, seguramente va a vivir únicamente de los ingresos que obtiene al ofrecer sus servicios en base a su tiempo propio. Comparativamente, otro técnico de la misma especialidad, pero que es muy formal, ordenado, exigente y que conforma todo un equipo de técnicos, todos muy bien presentados y capacitados, podrá llegar muy lejos. Hace poco vi un documental en televisión del caso de un fontanero en Inglaterra que consolidó una empresa muy grande en la que coordinaba a muchos fontaneros a los cuales dotó de un manual de procedimientos muy formal y estricto, además de uniformes, herramientas y vehículos en estado impecable, de forma que los clientes los preferían a otros fontaneros independientes que se veían más informales e improvisados. Cuando un técnico electricista que suelo contratar para proyectos de construcción comenzó a trabajar conmigo, él hacía todo el trabajo directamente; poco a poco fue empleando a otros técnicos y delegando parte del trabajo y, con el paso de los años, ha llegado a consolidar su pequeña empresa de técnicos electricistas.

"No hay mejor negocio que aquél del cual no se vive". El ser empleado tiene como ventaja que se tiene un ingreso estable a corto plazo, lo que puede llegar a generar liquidez para invertir en proyectos que produzcan algún rendimiento. Una persona que apenas inicia su vida laboral puede tener ingresos desde el primer día si trabaja en una empresa, mientras que si inicia una empresa o negocio puede darse el caso de que nunca tenga nada de ingresos o que éstos sean muy bajos si el emprendimiento no resulta exitoso. Si una persona lleva veinte o treinta años haciendo carrera en una empresa, probablemente sus ingresos en esos momentos serán bastante buenos, ingresos que puede usar para invertir en nuevos proyectos, además de que difícilmente podría igualar su remuneración si renuncia a su empleo para comenzar un negocio desde cero. En un matrimonio en el que uno de los cónyuges trabaja como empleado, puede facilitar el que el otro arranque un proyecto o lo haga crecer sin poner en riesgo la economía familiar. Varios conocidos míos son empleados gubernamentales o de la iniciativa privada que destinan parte de sus ahorros a proyectos de inversión, lo cual les permite ir creciendo económicamente.

Lo segundo más importante al tener que tomar una decisión sobre si tomar o mantener un empleo o empezar un negocio (o comprar uno ya funcionando) es **considerar los compromisos financieros** o gastos de vida que se tengan, comparados con el capital disponible. Si se tiene liquidez solamente para vivir dos meses y se espera que en dos meses un negocio ya genere utilidades suficientes para el sostenimiento, lo más probable es que esa empresa termine quebrada en menos de tres o seis meses, al igual que el 70% de las nuevas empresas que arrancan cada año. Otro factor importante antes de emprender cualquier proyecto es considerar la inversión necesaria, la tasa de recuperación de capital si se tuviera que cerrar el negocio, así como los costos fijos y variables en los que se estaría incurriendo, además de procurar no soñar con ventas milagrosas. Se deben realizar proyecciones financieras con escenarios tanto optimistas como pesimistas en donde se pueda ver al menos qué tan redituable es el proyecto y cuántas ventas se requieren para cubrir los costos fijos. Si usted tiene un empleo, no renuncie a él para tratar de comenzar una empresa si ésta va a ser su única fuente de ingresos. Un familiar mío renunció a su trabajo para poner su empresa sin tener un ingreso extra o un respaldo económico y terminó en quiebra. Lo más conveniente es no abandonar el empleo que se tiene en lo que la nueva empresa o negocio se estabiliza y sea lo suficientemente rentable.

Mi primer negocio fracasó precisamente porque era mi único ingreso familiar, además de que tenía ventas bajas, fuertes costos fijos y, por último, una muy baja tasa de recuperación de capital al cierre, ya que el precio de reventa de la maquinaria resultaba muy castigado. Por otra parte, emprendimientos posteriores prosperaron debido en parte a que procuré que mis costos fijos fueran casi nulos y a que evité tener que adquirir activos importantes fuera del inventario en sí. Conozco a un restaurantero que cuando llega a alquilar un establecimiento hace acuerdos con los propietarios de los inmuebles para que en lugar de pagar una cuota fija por mes, pague un porcentaje de sus ventas, y de esa forma convierte un costo fijo en uno variable, disminuyendo su riesgo. Tampoco es muy recomendable emprender proyectos endeudándose, ya que si el negocio fracasa, se puede caer en la insolvencia. Los pagos crediticios son otra forma de costos fijos. Tome las deudas únicamente cuando su negocio ya no esté tambaleante y cuando aparezcan buenas oportunidades que de no tomar la deuda se puedan perder y el riesgo sea bajo.

Un tercer punto a considerar antes de emprender un negocio es **analizar si uno tiene realmente la capacidad y la preparación para emprender.** Una creencia errónea que he escuchado es que se requiere de mucha experiencia para poner una empresa, y es errónea ya que uno puede asesorarse, pero en lo que sí se debe tener una preparación amplia es en las actividades centrales a las cuales se dedicará la empresa, así como en los principios que aquí expongo, para tener más probabilidades de éxito. Si realmente no se tiene la preparación suficiente en aquello que es el motor principal de la empresa, será mejor dejarlo para después.

El cuarto punto en la elección sobre si poner un negocio o conseguir un empleo es analizar las ventajas y desventajas que se tendrán en cada caso particular. Una posible desventaja de ser empleado es que la seguridad laboral de este último siempre va a estar sujeta al contexto de la empresa, por lo que siempre está el riesgo de perder el trabajo. Las empresas son adquiridas por otras empresas, los jefes cambian, las empresas cierran operaciones regionales, se mudan de ciudad, las situaciones cambian y los empleos se pierden. Mi padre perdió su empleo después de más de quince años de estar trabajando y generando enormes utilidades luego de sobrevivir varias reducciones de personal gracias a que el consejo directivo cometió un fraude contable para aumentar el valor de las acciones bursátiles y la empresa terminó declarándose en quiebra, lo que ocasionó un recorte masivo. Un amigo se vio forzado a mudarse varias veces de ciudad para no perder su empleo, siempre con el fantasma de un recorte laboral de cerca. Esta desventaja, sin embargo, se ve atenuada por el hecho de que generalmente la oferta laboral es amplia y un buen trabajador con habilidades específicas puede encontrar cobijo en otra empresa.

Cuando se es dueño de un negocio generalmente se tienen muchos clientes, por lo que no se tiene el riesgo de perder el empleo sólo por decisión de un jefe, pero, por otro lado, pueden llegar muy pocos clientes, de forma que los gastos superen a las ventas y no solamente no se perciba un ingreso, sino que se termine perdiendo dinero. También se dice que "el cliente manda", lo que a final de cuentas implica que cada cliente es, de alguna manera, nuestro jefe; ciertamente estamos en una sociedad en la que todos nos servimos unos a otros. La generación de utilidades de un negocio depende de su desempeño y de la situación general del mercado. Al pasar los años, el que tiene un negocio propio que ha sido exitoso duerme tranquilo y sabe que sus hijos pueden heredar una empresa que ha crecido y que no tendrán que empezar desde cero con un empleo en una empresa desconocida. Por otro lado, a veces los hijos no están interesados en continuar con la empresa y toman su propio rumbo. Conozco varios casos de empresarios relativamente exitosos cuyos hijos decidieron tomar caminos independientes. No hay una regla en este sentido.

En una analogía compartida por un amigo mío, ser empleado es como nadar en una alberca en la que se está seguro, aunque sólo se puede nadar de un extremo al otro, mientras que ser emprendedor es como nadar en el mar, donde hay más peligros, pero se puede llegar, por mucho, más lejos. Hay que considerar que hay gente que es feliz nadando en una alberca y que puede llegar a hacer verdaderas proezas, y hay gente que es feliz nadando en el mar, pero que nunca va a lograr nada relevante; no seamos categóricos al respecto.

Conviene empezar un negocio en pequeño, con pocos riesgos, y hacerlo crecer poco a poco con pies de plomo. Muchos de los grandes nombres de la industria son de personas que empezaron su negocio en una cochera, como Bill Gates o Steve Jobs, o vendiendo artículos en pequeña escala, como Ralph Lauren. Tener acceso o heredar grandes capitales no implica el éxito en los proyectos que se emprenden; siempre hacen falta la ambición, la visión, la dedicación a esos proyectos y administrar correctamente los recursos.

Tener un empleo en una empresa generalmente viene ligado con el compromiso de cubrir un horario diario de mínimo ocho o nueve horas y, conforme se va ascendiendo de nivel, es normal que se exija más. En los pasillos de las empresas los ejecutivos suelen comentar que tienen horario de entrada, pero no de salida. Una persona, al ser dueña de un negocio u ofrecer sus servicios de forma independiente, tiene el control sobre su tiempo y puede administrarlo con más flexibilidad. Por otro lado, no es raro que cuando se es independiente o se tiene un negocio se tenga que trabajar más horas de lo normal e inclusive los días festivos y de descanso, mientras que un trabajador normalmente tiene libre uno o dos días a la semana para realizar sus actividades personales y generalmente no tiene que trabajar más allá de su horario de trabajo.

Al trabajar en una empresa se está subordinado a un jefe, pero esto no significa que se tengan que realizar actividades indeseables; al fin y al cabo, un empleo consiste en cumplir ciertas funciones que fueron establecidas al aceptarlo. Un jefe tiene que planear y coordinar las actividades de uno o varios empleados y para ello tiene que dedicarle tiempo y recursos; ése es su trabajo. Además, ese jefe puede ser alguien genial. Es por eso que creo que es una falacia la creencia de que en un empleo se siguen órdenes, ya que, más que ser así, cada trabajador tiene que cumplir ciertas funciones, las cuales aceptó al buscar el empleo y su jefe coordina las actividades necesarias para cumplir con los requerimientos que van surgiendo.

El trabajo de un director o jefe de empresa es crear un ambiente de trabajo propicio, proporcionar los recursos suficientes para que los trabajadores realicen el trabajo y designar las actividades o funciones a quien sea más conveniente. Hay empresas que son el sueño dorado de mucha gente, tanto que reciben solicitudes de trabajo cien veces más de lo que pueden llegar a contratar.

Antes de poner un negocio hay que analizar la facilidad o dificultad que se va a tener para dejar ese negocio, recuperar el capital y cambiar de oficio. Una persona puede cambiar de empleo de un día para el otro, pero es difícil hacer lo mismo con un negocio. Por ejemplo, alguien que para abrir una boutique pide un préstamo o gasta todos sus ahorros y toma en renta un local comercial, remodela y se llena de inventario, en cierto grado está muy amarrado a seguir atendiendo el local y no puede simplemente dejar todo e irse. Si adicionalmente las ventas no son muy buenas y los costos fijos agotan las reservas de efectivo, se puede generar una situación de mucha presión y estrés, en la que las circunstancias poco a poco lo empiezan a asfixiar.

Un punto intermedio entre tener un empleo y poner una empresa es lo que se conoce como autoempleo o profesionista independiente; doctores, arquitectos, compositores, cineastas, carpinteros, abogados, etc., entran en esta categoría. Aquí también entran quienes prestan sus servicios a uno o varios clientes al mismo tiempo, y generalmente pueden trabajar desde casa sin tener mayores costos fijos. Gran parte de los ingresos que mi esposa y yo hemos logrado han sido bajo este esquema, especialmente al empezar nuestras carreras. El autoempleo tiene varias desventajas y ventajas de ambos mundos.

A continuación presento dos tablas, en la primera expongo las ventajas y las desventajas que encontré de ser empleado; en la segunda, las ventajas y las desventajas de poner un negocio propio. Curiosamente, en estas listas, ser empleado tiene más ventajas que desventajas, mientras que, por el contrario, tener un negocio propio tiene menos ventajas que desventajas, al menos en cantidad.

TENER UN EMPLEO

Ventajas
- No requiere capital inicial.
- Ingreso estable y conocido (salvo comisionistas).
- Ingresos inmediatos.
- No hay costos fijos que cubrir.
- Todo ingreso es utilidad.
- No se puede quebrar.
- Se puede cambiar de trabajo por uno mejor inmediatamente.
- Se puede escalar de nivel, especialmente en empresas grandes.
- Se puede aprovechar el ingreso estable para invertir.
- Se pueden comprar acciones de la empresa en que se trabaja.
- Muchas empresas tienen excelentes programas de capacitación.
- Se aprende.
- Se obtienen relaciones personales útiles para cualquier proyecto.
- Generalmente se tiene tiempo libre después de cumplir un horario.
- Las actividades pueden ser específicas en áreas de interés.
- Se reciben prestaciones, como seguros.
- Ingresos desde el primer día.

Desventajas
- Hay que cumplir un horario.
- Ingresos posiblemente topados.
- Crecimiento posiblemente topado a menos de que se cambie de trabajo.
- Se está subordinado.
- Se puede perder el empleo.

TENER UN NEGOCIO PROPIO

Ventajas
- Uno mismo administra el tiempo.
- El crecimiento puede ser ilimitado y muy rápido.
- Se puede ser tan creativo como uno quiera.
- Se puede heredar el negocio.
- Uno mismo es responsable por sus resultados

Desventajas
- Requiere capital inicial o contar con un flujo de efectivo independiente.
- Puede requerir de trabajar horarios extendidos y en días de descanso.
- Se puede llegar a la quiebra.
- Hay que cubrir los costos antes de tener una utilidad.
- Posiblemente no se perciban ventas o ingresos.
- Se tienen obligaciones fiscales más complejas.
- Generalmente se requiere de completar actividades fastidiosas, especialmente administrativas.
- Se requiere de conocimientos administrativos más amplios.
- Se requiere dejar reservas financieras.
- Puede implicar dejar de hacer lo que nos gusta para enfocarnos en administrar y en salir a vender.
- Puede no recibirse nunca un ingreso.
- Es más complicado de abandonar.

Progresar en un empleo

Sobre la interrogante de cómo subir de nivel, la respuesta primordial es la educación, tanto académica como laboral práctica. Primero debemos preguntarnos qué habilidades se requieren para cumplir de mejor forma las responsabilidades actuales y, en segundo término, para cumplir las responsabilidades del nivel inmediato superior. Normalmente en los niveles más bajos el enfoque está puesto en hacer bien las actividades operativas, y en los niveles siguientes, en programar y coordinar los recursos para que los niveles inferiores puedan cumplir con sus funciones. Normalmente las empresas tienen una descripción de cada puesto que incluye cuáles son las habilidades requeridas. En los niveles medios el requisito es cierta especialidad técnica, y en los niveles superiores adicionalmente se requiere de conocimientos gerenciales, así como una visión global de los procesos y de cómo interactúan las diversas áreas para cumplir cada uno.

Otros factores que influyen en un posible ascenso son el trato, la personalidad y la imagen que cada quien proyecta. A final de cuentas, cada responsable de área busca rodearse de gente que no sólo sea capaz de cumplir con las actividades, sino con la que sea agradable convivir. ¿A usted le gustaría tener un compañero que tenga un trato muy burdo o que su aspecto físico sea en extremo desagradable? Lo mismo ocurre en sentido contrario, si usted da un buen trato a los demás, independientemente de si se está en un nivel inferior o superior, los demás van a trabajar cómodamente a su lado.

Resumiendo, si quiere progresar, haga un esfuerzo por seguirse preparando, mejore su imagen y trato con los demás, y deje que el tiempo se haga cargo.

Resumen paso uno: trabaje

El primer paso para salir de pobres es ponerse a trabajar buscando una constante superación, la cual vendrá principalmente de la educación. Continuamente hay que capacitarse, ya sea en una universidad, estudiando algún idioma, aprendiendo a usar alguna herramienta, leyendo o de cualquier otra forma. La principal inversión inicial que uno debe hacer es en uno mismo; es decir, en superarse.

La superación requiere principalmente de disciplina y dedicación, por lo que también hay que enfocarse en algo en lo que se tenga vocación e identificando nuestras fortalezas y debilidades.

Para ser experto y realmente exitoso en una materia se requiere de mucha práctica, generalmente de varios años.

Se puede trabajar ya sea en un emprendimiento o negocio propio, encontrando un empleo u ofreciendo nuestros servicios de forma independiente. No hay una alternativa mejor que otra. Así como se puede ser muy exitoso como empleado y llegar a la cúspide de un gran corporativo, se puede serlo al poner un negocio, aunque este último camino también tiene sus riesgos y desventajas.

Es por ello que antes de elegir hay que considerar principalmente la satisfacción que se obtendrá al realizar las actividades relativas a ese trabajo.

Por último, al trabajar hay que hacerlo con valores. Los valores nos llevan a ser mejores personas y a estar orgullosos de nosotros mismos, de hacer las cosas bien. Los negocios se basan en la confianza, y trabajar con valores genera confianza.

Ejercicio: Plan de superación en el trabajo

Para este ejercicio siéntese en un lugar tranquilo, medite y escriba lo siguiente:

1. Descripción de la situación actual. Incluya todos los detalles que pueda, como áreas o habilidades débiles, áreas o habilidades fuertes, ingresos, posición, imagen, aliados, barreras, etc. No olvide indicar la fecha actual.

2. Descripción de la situación ideal.

Al igual que en la situación actual, describa la situación ideal a detalle. Si usted trabaja en una empresa, puede imaginarse en el puesto que guste y describir ese puesto. Si usted es independiente, también puede compararse con alguien que se desenvuelva en el mismo ramo y que haya sobresalido. No olvide indicar la fecha en que le gustaría llegar a esa situación ideal.

3. Descripción de actividades de superación. Esta es la parte crítica del ejercicio. Ya que describió dónde se encuentra usted y a dónde quiere llegar, ahora describa la ruta entre los dos puntos. Esta ruta debe incluir estudios que se deben realizar; idiomas, ima-

gen y forma de vestir; relaciones, habilidades personales, deportes, un posible cambio de lugar de residencia, etc. Indique tiempos para cada actividad de superación y haga un programa. Así como un trayecto largo puede verse como la suma de muchos pasos pequeños, esta ruta se compone de muchas actividades pequeñas. Después, sólo cumpla su programa.

# 2
Paso dos: ahorre

Ya que dio el primer paso (trabajar) y tiene algo de dinero en el bolsillo, tiene que evitar que ese bolsillo tenga agujeros y pierda el dinero. La lógica es bastante simple: si de lo que gana gasta mucho, le queda poco. Es conocido el dicho **"la mejor manera de generar dinero es dejar de perderlo"**. Nunca hay que gastar más de lo que se gana.

Vida austera o sencilla. Ahorrar es una actitud

Si no hay capital, no se puede invertir y no hay crecimiento. Esta frase sirve como motivación para dejar de hacer gastos innecesarios que quitan capacidad de ahorro. Llevar una vida austera no implica irse a vivir a una cabaña en el bosque y salir a pescar todos los días para no comprar comida, sino más bien **fijarse una meta de ahorro** mensual medida en forma de porcentaje respecto a sus ingresos totales; es decir, si una persona gana mil dólares semanales y se propone ahorrar un 25%, ello se traduce en 250 dólares que se pueden invertir cada semana. Como se verá posteriormente, si consideramos un retorno sobre la inversión de un 30% anual, cada dólar equivale a casi 20 dólares en diez años; no está mal, ¿verdad? A veces son tiempos de vacas gordas y a veces de vacas flacas; **si es época de vacas flacas, hay que apretarse el cinturón, y si no lo es, también.** Cuando va a hacer una compra debe preguntarse si es algo que realmente necesita o solamente es un lujo o vanidad.

Gran parte del problema de no llevar una vida austera o sencilla viene por presiones de familiares y amigos, quienes, aunque a veces no directamente, nos exigen una mejor calidad de vida. Es común que al cónyuge se le exija una casa más grande, un automóvil más lujoso o unas vacaciones costosas, especialmente cuando conocidos suyos adquieren casas y vehículos más caros. Comprar o construir una casa más grande se traduce en sacar de circulación un gran capital productivo o endeudarse. Es indispensable que en un matrimonio ambos cónyuges estén en la misma sintonía sobre la estrategia financiera que como familia van a tener. No hay peores frases para la administración financiera familiar que "me lo merezco" y "al fin que no es tanto". **Si quiere salir de pobre, deje de llevar una vida de rico.** El que quiere aparentar ser rico, termina pobre.

Hay que aclarar que ser austero no significa comprar productos corrientes, porque a veces lo barato sale caro. Las compras se tienen que decidir por la relación costo sobre calidad o beneficio a largo plazo. En otras palabras, hay bienes muy baratos de muy mala calidad, por lo que es mejor dejarlos de lado e irse por algo más caro pero más duradero; tampoco es necesario comprar lo más caro. Es productivo tener paciencia y esperar una buena oportunidad para hacerse de un bien a un costo menor.

La forma en que se compra un bien también puede ayudar a generar un ahorro. Siempre he preferido comprar automóviles de contado aunque fuesen más austeros, buscando que sean ahorradores en el consumo de combustible y en el mantenimiento, lo que me ha ayudado a tener un ahorro que no hubiese tenido si hubiera elegido un coche más lujoso, haciendo uso de un crédito para obtenerlo, generando un gasto fijo. El tiempo pasa muy rápido, y si elige el camino de una vida un poco más sencilla donde busque el ahorro y la inversión, con el paso del tiempo esas pequeñas inversiones comenzarán a dar frutos. Es fácil salir a comprar un auto nuevo y lujoso, especialmente a crédito, en lugar de estar satisfecho con un auto no tan nuevo y no tan lujoso, pero que ofrece el mismo servicio.

Es importante inculcar en los hijos desde pequeños vivir de forma sencilla. Si se les da todo cuanto piden, estamos educando futuros compradores compulsivos. Dejarlos creer que otras personas son más importantes porque tienen más dinero, los hará vivir buscando aparentar riquezas para buscar aceptación social. Hay que enseñarles a vivir con sencillez y que los amigos no se buscan ni se ganan por su situación económica. Ahorrar es un hábito y una actitud, constantemente se reciben oportunidades de hacer gastos que pueden evitarse o que no son necesarios; debemos aprender a querer para nosotros solamente lo necesario. También debemos tener disciplina y evitar o disminuir el gasto hormiga, que es aquél que es muy pequeño, pero muy frecuente.

No se haga de activos que no necesita

Una de las causas por las que no se ahorra es porque es fácil hacerse de activos que no se necesitan, lo que trae varias consecuencias negativas. La primera es que se asignan recursos que posiblemente pudieran aprovecharse más en otro lado. La segunda es que quizás se genere un gasto para la adecuada conservación de ese activo. La tercera es que se generan ataduras muchas veces esclavizantes a ese activo. Algunos autores prefieren llamarle a este tipo de activos "pasivos", ya que implican, para efectos de flujo de efectivo, un egreso en lugar de un ingreso.

Veamos un ejemplo a través de un dicho popular: "¿Sabe usted cuáles son los dos días más felices de un costeño? El primero es cuando compra su bote; el segundo, cuando lo vende.". Este famoso dicho expresa que mucha gente costeña sueña con tener su propio bote o yate, y con el tiempo logra comprarlo. Ese día es el primer día más feliz de su vida. En un inicio le dedica muchísimo tiempo a ponerlo en forma y, por supuesto, a gozarlo. Al pasar el tiempo, lo que en un momento fue fuente de felicidad suele convertirse en una carga financiera y en una demanda de inversión del tiempo libre. Si a esto se le suma que hay altibajos económicos y a veces la adquisición de estos activos se hace mediante préstamos, la carga suele convertirse en una pesadilla. Se vuelve inminente la necesidad de tomar la decisión de vender, pero para que el activo "salga" rápido hay que bajar el precio, aunque represente una pérdida neta, ya que los gastos de mantenimiento y los intereses están ahorcando al propietario. Finalmente, llega el día en que un feliz comprador aprovecha la oportunidad y le regala a nuestro costeño el segundo día más feliz de su vida.

Continuando con este ejemplo, seguramente este mismo costeño antes de adquirir su propio bote tenía varias alternativas para cumplir su objetivo de entretenimiento. La primer alternativa es usar un bote de alquiler por día. De esta manera se paga una sola cuota por salida, y suele incluir servicios adicionales como conductor, comida y utensilios para las actividades recreativas. Otra alternativa es un arrendamiento por temporada. Esta forma es más costosa y suele venir acompañada de obligaciones como el pago del muelle y reparaciones menores. Aún así, representa varias ventajas respecto a adquirir por completo el bote, como el poderlo devolver en caso de una depresión económica, cambiar de afición, lugar de residencia o de necesidades.

Casos similares al del bote del costeño son tener una casa de campo, un avión, un caballo, una membrecía a un club deportivo o un tiempo compartido en una cadena hotelera. En mayor o menor grado, todos estos productos o servicios llegan a afectar negativamente nuestro flujo de efectivo, además de restarnos libertad, tanto en el tiempo disponible que llegan a requerir, como en tener la libertad de escoger otra alternativa fuera de ese compromiso a largo plazo. Para ilustrar un poco más este último efecto, al inscribirse a un club deportivo, usted se verá limitado a las opciones deportivas que ofrezca el club, o tendrá que hacer doble gasto contratando una opción para algún deporte en particular en otra parte. Al tener una casa de campo, el hecho de tener que ir con cierta regularidad a atender su mantenimiento resta tiempo disponible para ir a otros lados.

La vida familiar y las finanzas

No hay nada de mayor influencia en las finanzas personales que la forma en que cada individuo lleva su vida personal y familiar. El primer punto por el cual la vida familiar impacta en las finanzas es el número de hijos. Es muy común en pequeños pueblos rurales de Latinoamérica y África encontrar familias que viven en medio de la pobreza, a veces extrema, que tienen diez o más hijos. Las matemáticas son muy simples y nos indican que los gastos se multiplican por cada hijo. Es común escuchar la frase "es pobre y de familia numerosa"; la pregunta más bien es si ese alguien es pobre por haber engendrado una familia numerosa. En la antigüedad había demasiada mortandad infantil, por lo que tener muchos hijos era lo más propio para asegurarse de que algunos llegaran a la adultez, pero la situación ha cambiado gracias a que ahora existen servicios médicos de mayor calidad que, a la vez, son más accesibles; además, la medicina se ha fortalecido con el paso de los años. En la antigüedad la gente tenía muchos hijos para procurarse un mayor ingreso al ponerlos a trabajar, especialmente en el campo. Sin embargo, los ingresos y las herencias familiares tenían que dividirse entre más hijos, y esta mentalidad fomentaba la explosión demográfica. Se ha buscado disminuir el gasto generado en la descendencia al ir abandonando la idea de usar a los hijos como trabajadores. La frase que mejor resume lo anterior es "pocos hijos para darles mucho".

Otro problema común que descalabra alcancías es casarse varias veces o tener varias familias. Alguna vez escuché de una persona que llevaba varios divorcios. Cada divorcio le costaba la mitad de sus ingresos. Me imagino que esos sí son problemas financieros en serio. Cada vez que me entero de algún divorcio o de que alguien empieza otra familia, lo que veo es una disminución radical en el nivel de vida de esa persona. **Si usted quiere ser pobre, divórciese, y si quiere ser aún más pobre, vuélvase a casar.** Hay un refrán que dice que divorciarse y volverse a casar es vivir el mismo infierno, pero con diferente diablo. Es por esto que, antes de empezar una relación con una pareja, se debe reflexionar sobre ello a profundidad. Si somos conscientes de que esa relación no tiene futuro, es un grave error seguir adelante con ella. A mis amigos y familiares que se van a casar siempre les comento que sean sinceros con ellos mismos y se pregunten si pueden vivir con esa persona por los siguientes sesenta años, y que hasta cumplidos esos sesenta años juntos es que se podrían divorciar; obviamente ya tendrían más de ochenta años de vida, no creo que se quieran divorciar.

Un último factor de relevancia en la vida familiar es la presión que una parte de la familia ejerce sobre el resto para realizar gastos y disfrutar a corto plazo de un mayor nivel de vida. Para poder ahorrar, toda la familia tiene que estar en sintonía y ajustarse a los objetivos de ahorro, especialmente el padre y la madre, quienes son los que normalmente tienen el control del gasto familiar. Cada erogación de relevancia debe hacerse en común acuerdo, de forma que al final de cada mes no se tengan sorpresas, como que se haya excedido el presupuesto mensual en gastos innecesarios y no se cumplieron las metas de ahorro.

Vida libre de vicios

Una vida llena de vicios es una vida que sale muy cara. Es común que mucha gente cobre su pago semanal o quincenal un viernes por la mañana y el viernes por la tarde arme una fiesta con los amigos o se vaya a las cantinas y se lo gaste todo; después de estar alcoholizándose hasta la media noche, salga embriagada y hasta estrelle su coche.

También hay gente que se va a casas de apuestas y pierde la mitad de su sueldo. Otra gente no puede permanecer más de tres o cuatro horas sin fumar un cigarro o tabaco y consume una o varias cajetillas al día.

Tener vicios implica un costo más allá del monetario a corto plazo, que a veces significa toda la capacidad de ahorro. La principal consecuencia de un vicio es que a largo plazo puede acabar con la vida o al menos generar problemas médicos fuertes que consumen fortunas. Un refrán dice "ceder a un vicio cuesta más que mantener una familia". ¿Qué se puede considerar un vicio? Fumar, el alcoholismo, la drogadicción, la poligamia y la infidelidad, entre varios otros. Mi padre solía decirme que la ociosidad es la madre de todos los vicios.

Yo le recomiendo que lleve una vida sana y que haga deporte. El deporte hace que el corazón sea más fuerte, que el cuerpo suelte las toxinas, que se queme el exceso de grasa, que los elementos que fluyen en la sangre, incluyendo al colesterol y a los triglicéridos, se mantengan en niveles aceptables, y que los huesos no se debiliten, entre muchos otros beneficios. Si usted tiene algún vicio, busque ayuda y supérelo, verá que su vida será por mucho mejor.

El engaño de la riqueza súbita

Mucha gente tiene la creencia de que para ser rico es necesario ser un gran artista, político, deportista, genio de los negocios o heredar una gran fortuna. Definitivamente es cierto que ganar mucho dinero es el primer paso para salir de pobre, ya que acerca la riqueza, pero también es verdad que aquellos que ganan grandes fortunas en un periodo muy corto de tiempo, suelen derrochar el dinero a diestra y siniestra en cuanto lujo ven, y terminan por consumir hasta el último céntimo de ese ingreso temporal. Las fortunas se evaporan porque la gente que las gana, al ser exitosa en su trabajo, especialmente los deportistas y los artistas, no tiene la educación ni la práctica de poner a trabajar ese capital, lo que ocasiona la necesidad de seguir trabajando para continuar generando ingresos; sin embargo, esas carreras suelen ser efímeras, y las personas que lograron explotarlas terminan perdiendo ese gran ingreso al que ya se habían acostumbrado; sus gastos, entonces, superan a sus ingresos y empieza la crisis económica.

La riqueza viene del hábito de no malgastar los recursos y de, posteriormente, invertirlos para no tener que trabajar para seguir recibiendo ingresos y que esas inversiones por sí mismas vayan creciendo. El que sabe invertir, cuando recibe una fuerte suma de dinero, la toma y la invierte por completo para asegurar su futuro y el de sus descendientes. El abuelo de mi esposa solía decirle que hay que ahorrar céntimos como si fueran dólares para después gastar dólares como si fueran céntimos.

Yo tengo la creencia de que aquella gente que ya lleva veinte o treinta años trabajando y que no ha crecido, aunque reciba una herencia o fortuna, nunca saldrá de pobre porque el dinero se le escurrirá de las manos y volverá al punto en el que inició. Mucha gente quiere poseer bienes lujosos para ganarse la admiración de los demás y sentirse más aceptada socialmente, o por sentir que es exitosa; es fácil que por aparentar un mayor nivel económico del que tiene, gaste más de lo que gana e inclusive incurra en deudas.

Separar el ahorro

A mucha gente le puede servir de ayuda retirar los ahorros deseados de la cuenta donde recibe los ingresos y guardarlos en una cuenta aparte. De esta manera se vuelve más fácil administrarse y no tocar ese dinero. Otra alternativa para separar el ahorro es llevar un registro contable por escrito de los ingresos y gastos e indicar en ese registro cuánto de los recursos se pueden destinar al ahorro; de hecho, formalmente toda empresa lleva un registro contable y lo mismo es recomendable para las finanzas personales, con la ventaja de tener visualmente los números.

Es importante considerar que los ahorros acumulados no se deben consumir en gasto corriente, sino que deben invertirse en algún proyecto que genere ganancias, productividad que acelerará la acumulación de ahorros. Una excepción a la regla de no gastar los ahorros si no es con una inversión se da cuando se presenta una emergencia, especialmente médica, en la que se requiere de liquidez a corto plazo. Salvo las emergencias, evite echar mano de los ahorros, especialmente para adquirir bienes no productivos o irse de vacaciones.

Si es empleado y recibe un aumento de sueldo, puede destinar ese aumento íntegramente al ahorro sin alterar su nivel de vida. Un error común de la gente que recibe un aumento de salario es gastarlo en lujos vanos.

Saber comprar

Una actitud muy arraigada en muchísima gente como parte de su cultura familiar es vivir al tope y de prestado. Esta gente suele adquirir a crédito vehículos, casas muy grandes, artículos de lujo, irse de viaje o salir a restaurantes. Su argumento es que "la vida es para disfrutarse". El problema es que, al vivir comprometiendo todo el salario al pago de las crecientes deudas, se puede caer fácilmente en insolvencia si el ingreso llega a disminuir, ya sea por la pérdida del empleo o porque haya menos comisiones o bonos, o porque bajaron los dividendos en la empresa en determinado momento. Una vez que se cae en insolvencia, llega el estrés.

Al comprar a crédito se compra más caro que si se compra el mismo artículo de contado. A corto plazo la gente que compra a crédito puede disfrutar de más adquisiciones, pero a mediano y largo plazo lo que logra comprar es mucho menos que al comprar de contado, y existe más riesgo de perderlo. Uno de los principales negocios de las grandes tiendas departamentales es el cobro de intereses provenientes de ventas a crédito. Un familiar cercano adquirió una motocicleta a crédito en una tienda departamental y, al hacer el cálculo de cuánto iba a pagar considerando los intereses, resultó que era casi el doble. Si hubiera sido paciente, ahorrado un poco para pagar de contado y esperado alguna oferta para esa motocicleta o alguna similar, o adquirido una usada, se hubiera ahorrado hasta dos tercios de lo que pagó.

Una compra sabia es aquella que se da con paciencia, esperando el mejor momento para llevarla a cabo. Como ejemplo, en un momento dado tuve que comprar una computadora para uso de la familia, pero requería de que fuese un equipo más potente de lo que generalmente se necesita para uso en el hogar. Empecé a monitorear los precios de varios proveedores y, después de un par de meses, llegó una opción con un fuerte descuento. Lo mismo me ha ocurrido con otros bienes, como automóviles, pantallas de televisión, instrumentos musicales y otros, a lo mejor no con exactamente las mismas especificaciones o de la marca o modelo, pero muy similares.

Hay empresarios que se anticipan a las crisis económicas y guardan una buena reserva de efectivo de manera que, cuando la crisis llega, compran los activos de otras empresas que están en problemas, e inclusive compran empresas completas.

Adquisición de bienes importantes

Los bienes a los que la gente dedica más recursos son los vehículos y la casa en la que vive. Un error común que la gente comete es inclinarse por opciones mucho más costosas de lo que debieran, recurriendo a préstamos bancarios, lo que le genera problemas severos de liquidez. Una razón que suele motivar estas compras excesivas es que el nivel de lujo de estos bienes suele tomarse como un factor de éxito, y la creencia de muchas personas es que van a tener una mayor aceptación social y felicidad al demostrarle a su círculo social que son exitosas, por lo que tratan de aparentar un mayor poder adquisitivo del que realmente tienen. Recordando la frase de Lao Tse "saber cuándo tienes suficiente, es ser rico más allá de cualquier medida", la primera recomendación que se puede hacer a una persona que está buscando un nuevo vehículo o una casa es que se pregunte si está adquiriendo o no el adecuado nivel de lujo de ese bien y si lo hace en la mejor de las condiciones.

Concentrando la atención en la adquisición de vehículos, la forma más costosa de hacerlo es acudiendo a la agencia automotriz y abusar de su flexible línea de crédito dejándose llevar por el optimismo del momento, los impulsos y la tentación, y elegir un auto innecesariamente costoso. El feliz comprador se sube a su flamante auto nuevo sintiendo la gloriosa emoción de avanzar los primeros metros y cruzar la rampa de la salida del establecimiento, pero sin estar consciente de que se lleva un buen paquete de pagarés por una cantidad mayor de lo que vale el automóvil una vez que ha salido de la agencia. Esta es una muy buena forma de empezar a trabajar solamente para pagar los intereses.

Hay otras formas más accesibles de adquirir un vehículo nuevo en las agencias automotrices. Una es encargarle a alguno de los vendedores que le avise de alguna oportunidad, limitando las opciones a determinadas especificaciones. Con un poco de paciencia, eventualmente llegará la oportunidad, ya que en la operatividad que una agencia tiene y la rotación de vehículos que están a la venta, frecuentemente necesita "sacar" determinado vehículo. No sobra mencionar que si el pago es de contado, las oportunidades son más y mejores.

También puede optar por adquirir un vehículo usado, si está dispuesto a asumir el riesgo respectivo. Mucha gente vende vehículos con poco uso y a buen precio. Si tiene paciencia y la fortuna de conocer al vendedor, además de procurar hacer la compra de contado, puede lograr buenas adquisiciones en las que el beneficio es muy similar al que gozaría de sacar un auto nuevo de agencia y a una fracción del costo, sin contar que no compromete su liquidez a futuro. Hace unos años le solicité a la madre de una conocida mía que cuidaba muy bien de su auto y le daba relativamente poco uso, que cuando lo quisiera vender me avisara. El día llegó y me terminé haciendo de un muy cuidado vehículo que me dio el mismo servicio que un auto recién salido de la agencia, pero a una fracción del costo.

En cuanto a la adquisición de una casa, que es el desembolso más importante de la mayoría de las familias, también es recomendable tener paciencia y esperar la oportunidad adecuada, sin dejar de tener presente a Lao Tse y no excederse en lo que se pretende comprar. Al igual que en el caso de los vehículos, hay oferta de casas poco usadas y con precios atractivos. Cuando se compra un casa de segunda mano, también se pueden negociar los términos de pago para que sean más amigables.

Cuando adquiera una casa para dejar de pagar una renta, lo más probable es que necesite contratar un crédito hipotecario; es decir, apalancarse. Es importante que la tasa de interés pactada sea fija y no variable para evitar el riesgo de que se disparen las tasas en alguna crisis económica y los montos de las mensualidades se vuelvan inalcanzables. Cuando la tasa es fija, el riesgo por la fluctuación lo asume y administra quien otorga el préstamo. Al contratar el crédito hipotecario también es favorable hacerlo al mayor plazo posible para que las mensualidades sean las menores, pero con la salvedad de poder hacer pagos a capital sin penalización, de forma que, si en algún momento el flujo está un poco apretado, la mensualidad se pueda cubrir más fácilmente. La compra de un bien raíz mediante un crédito hipotecario es favorable si la suma del ahorro en pago de renta y la plusvalía del inmueble es mayor al pago de los intereses; en palabras más simples, es favorable cuando al término del préstamo lo que se pagó por concepto de intereses es menos que lo que aumentó de valor la propiedad y lo que se dejó de pagar si se hubiera seguido rentando una casa ajena. Hay que remarcar que, independientemente de cuánto se le deba al banco en relación al valor del bien, la plusvalía completa del bien, así como el usufructo son en beneficio del propietario; al banco se le paga únicamente el interés.

Los seguros de riesgo

Con los seguros de gastos médicos recomiendo seguir esta política: "Ni muy muy, ni tan tan". Es decir, no hay que gastar en exceso, ni hay que anular el gasto por completo. Analicemos ambos casos. Por un lado, hay gente que contrata seguros de gastos médicos que cubren inclusive el tratamiento de una gripe. Las empresas aseguradoras están encantadas con esta clase de clientes porque las primas del seguro son formidablemente altas y muy redituables. Por su parte, estos clientes, generalmente reacios al riesgo, gastan gran parte de su capacidad de ahorro en sentirse seguros.

Por el otro lado, hay gente que jamás contrata un seguro de gastos médicos y que asume todo el riesgo financiero en caso de enfermarse. Cuando esto sucede, generalmente no está preparada y tiene un buen descalabro económico.

Yo opté por esta estrategia intermedia: contraté un seguro de gastos médicos solamente para aquellos gastos superiores a una cantidad relativamente fuerte, pero al alcance de mis finanzas, de manera que la prima era muy inferior a la prima por la cobertura de gastos mucho menores. De esta manera yo asumo el riesgo de las pequeñas enfermedades y, por ende, no le genero esa utilidad a la aseguradora, pero para aquellas enfermedades que realmente pudieran quebrantarme financieramente, cuento con el respaldo de la aseguradora. Esto también tiene la ventaja de evitarme todo el papeleo y la burocracia innecesaria para la gestión de los reembolsos de los pequeños gastos realizados; además, de esta manera no estoy limitado a escoger entre los médicos propuestos por la empresa aseguradora y contrato las consultas con el médico de mi preferencia. Adicionalmente, realizo el pago de la prima anual en una sola exhibición para obtener un descuento menor que si realizara el pago de forma mensual.

Cada seguro de riesgo tiene un propósito específico, usted debe analizar en cada caso si el ejecutar esa compra le va a ayudar y en qué forma va a cumplir ese propósito. Adquirir un seguro es compartir un riesgo con alguien que esté dispuesto a asumirlo por nosotros. Los productos que personalmente recomiendo son al menos el seguro automotriz, si es que uno requiere de conducir, y uno de gastos médicos, aunque hay países en los que el sistema gubernamental de salud es suficientemente bueno. Los seguros inmobiliarios también son recomendables y usualmente ya están incluidos cuando se contrata un crédito hipotecario.

Como anécdota, un amigo mío me comentó que quería construir una casa en la playa, en un área que es muy tropical. Yo le recomendé que cuando terminara de construir su casa la asegurara contra huracanes, lo que inicialmente le pareció un poco exagerado. Pasaron los años y un día me llamó para comentarme que el ojo de un huracán estaba justo sobre su casa. Un par de semanas después me envió fotos del lugar y todo, absolutamente todo estaba destruido, su casa se había derrumbado y pasó a formar parte del mar. Cuando le pregunté por el seguro, me comentó que sí me había hecho caso. Al cabo de un tiempo la empresa aseguradora le cubrió gran parte del gasto de su construcción, lo que fue un gran alivio para él. También le recordé el versículo de la Biblia, Mateo 7:24, del hombre prudente que construyó su casa sobre la roca en lugar de sobre la arena.

El tiempo es dinero y el dinero es tiempo

Cuando usted hace un desembolso no debe pensar que se trata solamente de dinero; debe estar consciente del tiempo que le lleva juntar ese dinero. De forma inversa, cuando deja de ser productivo por dedicarle mucho tiempo al ocio, deja de generar un ingreso. El tiempo es el principal activo no renovable que tiene, por eso es necesario que lo cuide. Lo anterior no significa que tenga que trabajar sin descansar; más bien debe procurar usar su tiempo sabiamente y de forma equilibrada y aprovechar los tiempos muertos para realizar algo productivo. La lectura y el estudio son formas productivas de aprovechar el tiempo.

Resumen paso dos: ahorre

El segundo paso para salir de pobres es ahorrar, que significa reservar una parte de nuestros ingresos para una posterior inversión.

Básicamente, ahorrar es una actitud y una disciplina en evitar gastos en conceptos superfluos o en activos que no se requieren. El estilo de vida es determinante para poder ahorrar, no solamente desde el punto de vista de no excederse en lujos, sino también en llevar una vida libre de vicios y una vida familiar en armonía y con pocos hijos.

Ahorrar también implica ser paciente al adquirir un bien y esperar hasta encontrar la oportunidad adecuada, procurando recurrir lo menos posible al crédito y sin excederse en el costo.

Ahorrar a largo plazo debe hacerse considerando controlar los riesgos que lo pueden sacar de balance, especialmente mediante la compra de seguros financieros. De esta manera evita que algún evento, como un accidente o una enfermedad, lo haga perder sus activos o que termine endeudado y con su flujo de efectivo comprometido.

Ejercicio: plan de ahorro

Siéntese en un lugar tranquilo, medite y escriba lo siguiente:

1. Descripción de su situación actual. Esta descripción debe incluir a qué destina el ingreso de cada año. Es importante indicar si un pago es indispensable para vivir o si es un lujo o algo no prioritario. Si el gasto es un pago de deuda, debe indicar cuánto del pago fue a capital y cuánto a interés. Al final del listado sume todos los conceptos y compare ese total contra el ingreso. Este ejercicio funciona mejor si se hace anualizado; es decir, hay que considerar que gran parte de los gastos son recurrentes mes a mes, pero algunos gastos se ejecutan una vez al año.

2. Establecer una meta de ahorro. Considerando el análisis anterior, establezca una cantidad que mensualmente separará de sus ingresos para destinarla al ahorro. Puede guardar esta cantidad en un lugar diferente de donde guarda lo que destina a los gastos diarios o simplemente llevar la cuenta de cuánto de lo que tiene corresponde a ahorro. Los pagos a inversiones se pueden considerar como ahorros.

3
Paso tres: invierta

Ya que ahorró recursos, es hora de hacer algo con ese dinero. Los ahorros no son para tener un guardadito en una alcancía mientras encuentra algo en qué gastarlo. La principal diferencia entre quien que es pobre y quien no lo es, es que el primero no invierte y por ello sufre de estancamiento. No importa si la inversión es pequeña o grande, quien no invierte sus ahorros, eventualmente se los gasta. El que se hace del hábito de ahorrar, invertir y reinvertir, con el tiempo llega a acumular más de lo que inicialmente hubiese pensado posible, lo que también le permite cumplir otros objetivos no financieros. Este apartado es el más extenso porque explica lo que más se desconoce: dónde invertir. Esta sección contiene varios conceptos que le ayudarán a diferenciar las oportunidades buenas de las malas.

Su tiempo también es una inversión

Posiblemente alguien que todavía no tiene ahorros o un flujo de dinero importante piense que no tiene nada para invertir y esto es un error, ya que el primer activo que tiene disponible para invertir es su tiempo. **El principal activo que uno tiene es uno mismo**, y eso se puede aprovechar para **crear un activo desde cero**. Alguien que trabaja en alguna empresa puede pensar que no tiene tiempo disponible, pero seguramente puede encontrar la manera de tener al menos una hora o dos al día para sus proyectos personales.

¿En qué invertir el tiempo cuando lo único que se tiene es tiempo? Cada persona tiene ciertas habilidades que ha desarrollado previamente, especialmente en aquellas áreas que le gustan, o tiene ya algún tipo de estudio profesional o técnico, y es aprovechando esa habilidad donde tiene que crear algo usando su tiempo. Por ejemplo, alguien que ha aprendido a programar puede dedicar una o dos horas diarias a desarrollar una nueva aplicación y lo puede hacer aunque tenga una ocupación de tiempo completo. Un carpintero puede aprovechar su tiempo disponible y fabricar una silla o una mesa que podrá vender después. Un músico puede escribir una canción y vender los derechos de autor o grabar un video para gente que quiere aprender música. Un diseñador de modas puede crear alguna prenda de vestir y venderla. El ser humano es creativo por naturaleza. En cada profesión u oficio existe la posibilidad de hacer alguna innovación o crear algo nuevo.

Dónde invertir

Cuando tiene algún ahorro para invertir, la primera pregunta que viene a la mente es en dónde invertirlo. Un refrán dice "cuando tengas dinero, compra oro, y cuando tengas más dinero, compra tierra"; siempre hay más opciones que éstas, pero el concepto es bueno.

Principales opciones donde invertir:
a. Invertir en algo que genere más trabajo.
b. Invertir en algo que reduzca sus costos.
c. Invertir en instrumentos bursátiles.
d. Invertir en bienes raíces.
e. Invertir en alguna empresa con potencial.
f. Crear una empresa.

a. Invertir en algo que genere más trabajo

El primer lugar que tiene que fijar como destino de lo que ha ahorrado es en aquello que le genere más oportunidades de trabajo, empezando por **invertir en usted mismo**. Si usted es empleado, entre otras cosas, puede invertir en algún diplomado o estudio que le facilite un asenso laboral, en aprender otro idioma o aprender a usar alguna herramienta. Los que son trabajadores independientes o empresarios, tanto pequeños como grandes, deben fijarse en aquello que les permita generar mayores ventas.

Por ejemplo, una pequeña cafetería puede adquirir un mueble mostrador y mandar maquilar tasas o termos con su sello, de forma que los clientes, además de consumir algún alimento, adquieran alguno de estos productos. Esto, además de generar una venta, sirve para tener una mayor exhibición de la marca y, por ende, un mejor posicionamiento. Otra posible inversión es la ampliación del área de la cafetería o poner otros establecimientos en puntos diversos de la ciudad o en otras ciudades, con el beneficio adicional de que al crecer en volumen también se pueden reducir los costos. Esta clase de ampliación se conoce como integración horizontal.

Otro ejemplo es el caso de una mueblería que invierte en un mejor inventario, una mejor sala de exhibición y ventas, mayor publicidad, y en ofrecer crédito a los clientes o en ampliar la flota vehicular para agilizar entregas.

Los negocios también pueden tener integración vertical. Una empresa refresquera puede poner tiendas o máquinas de venta al detalle, un fabricante de muebles puede tener una maderería, o viceversa. Un caso conocido es el de la empresa Apple, que decidió abrir sus tiendas minoristas en lugar de depender de distribuidores y el resultado fue un incremento muy importante en las ventas y una experiencia de compra más completa para los clientes, además de la exhibición de toda la gama de productos en lugar de solamente algunos.

Hace muchos años, cuando mi esposa y yo comenzamos a ofrecer servicios de construcción, teníamos clientes que compraban un terreno y nos contrataban para llevar a cabo la construcción de su casa. Las ventas dependían totalmente de este tipo de proyectos. Sin embargo, aunque no faltó el trabajo y muchos de estos proyectos son muy interesantes además de que estaremos siempre agradecidos por la confianza y amistad de los clientes, la rama de la construcción suele ser muy sensible a altibajos económicos, por lo que decidimos generarnos trabajo nosotros mismos e invertir los primeros ahorros en un terreno. Una vez que logramos adquirir el terreno, invitamos a varios conocidos a invertir en la construcción, haciéndonos del trabajo de la administración del proyecto. Cuando la casa se vendió, se logró un rendimiento por la inversión en el terreno, pero adicionalmente ganamos los honorarios por la administración de la construcción y la comisión por la venta de la casa. Este mismo ciclo se repitió. Este proyecto es un buen ejemplo de una inversión en algo que generó más trabajo.

b. Invertir en algo que reduzca sus costos

Lo más fácil a la hora de buscar dónde invertir es empezar analizando los gastos propios, es decir, buscar sustituir nuestros gastos con alguna inversión que nos implique un retorno atractivo. Se puede empezar con liquidar o disminuir una deuda y ahorrarse los intereses. Como ejemplo, si una persona está pagando intereses de un 30% ó más por año en una o varias tarjetas de crédito, lo más recomendable es liquidar esas deudas y cancelar las tarjetas de crédito con excepción de una o dos, que puedan servir para realizar trámites o pagos a distancia. La tasa de interés que se paga por tarjetas de crédito es enorme y siempre significa una buena área de oportunidad. Si se va a comprar a crédito algún bien, como un vehículo o una televisión, puede ser negocio esperar un poco y comprar ese bien de contado, ya que se evitan los intereses y las comisiones por apertura.

Otra especie de inversión es realizar pagos por anticipado obteniendo descuentos de servicios recurrentes, tales como el agua, la luz, rentas y colegiaturas, entre otros. Normalmente se puede obtener un 5 ó 10% de descuento al pagar por anticipado, pero también se evita un gasto mes a mes en transporte o en generación del pago, lo cual eleva el rendimiento a veces hasta el doble.

La integración vertical también puede contribuir a reducir los costos. Un restaurante puede manufacturar su propio helado en lugar de comprarlo a un proveedor, y un negocio de helados puede manufacturar su propia crema o base en lugar de comprarla a un tercero.

En el hogar se puede comprar un calentador de agua solar en lugar de gastar en gas, o se pueden instalar paneles fotovoltaicos y disminuir el consumo de energía eléctrica. En alguna ocasión analicé mi gasto en energía eléctrica y decidí comprar un panel solar para disminuir el consumo y ser acreedor a un subsidio por bajo consumo de parte del gobierno. Recuperé la inversión en poco más de dos años. A veces la recuperación de una inversión es más rápida al reducir nuestros costos que al invertir en otra clase de proyectos y con un riesgo casi nulo.

c. Invertir en instrumentos bursátiles

La bolsa de valores va más allá de un juego. Es un sistema en el que se pueden tener grandes ganancias o grandes pérdidas. En la bolsa de valores concurren capitales gigantescos en una gran variedad de instrumentos o productos en los que las leyes de la oferta y la demanda se aplican al tener fluctuaciones de precio libres; en otras palabras, los precios suben y bajan libremente según la fuerza y el sentido, ya sea a la alza o a la baja, del mercado y el desempeño específico de cada empresa o gobierno.

El primer instrumento donde puede invertir es la compra de deuda gubernamental, también conocida como certificados o bonos de la Tesorería, que básicamente son una especie de pagarés que emite el gobierno de algún país en los que promete devolver el dinero que uno está prestando, más un interés determinado desde un inicio al momento de emitirse el documento. Generalmente su rendimiento es muy bajo, pero muy estable. Algunos fondos de inversión se basan principalmente en estos bonos de deuda. Yo suelo comprar algo de estos fondos cuando tengo programado un pago futuro y que por cuestiones legales no me conviene adelantar, tal como con la compra de algún bien inmueble en el que se da un enganche y se liquida el total hasta el momento de escriturar. De esta manera, no arriesgo el pago y obtengo algún rendimiento, aunque sea menor.

Sin embargo, lo más atractivo de la bolsa de valores son las acciones. Éstas se pueden adquirir desde montos tan pequeños que **cualquier persona** con uno o dos meses de ahorros puede hacerlo, aunque en ciertos países suelen requerir a los inversionistas cierto nivel de capital o ingresos mínimos para poder acceder a este mercado, como en Estados Unidos de América, pero igual en estos casos se puede participar en fondos de inversión que a su vez destinan parte de sus recursos a la compra de acciones bursátiles.

La bolsa de valores puede ser muy riesgosa si entra a ciegas, pero puede entrar poco a poco con pequeños pasos en terreno seguro si investiga y analiza con cuidado cada producto que compra. Por ejemplo, si compra acciones de una empresa, puede investigar su valor histórico de los últimos cinco o diez años, el valor en libros, utilidades y dividendos, así como el desempeño de toda la industria en ese tiempo; investigue si van a entrar nuevos competidores y algún producto sustituto en el mercado. También investigue los estados financieros de la empresa, conozca las instalaciones y a los ejecutivos, platique con los clientes y vea estudios de mercado. La compra de acciones en empresas es más segura si se cumplen dos requisitos: no comprar endeudándose y comprar a largo plazo. Por largo plazo hay que entender un lapso de tiempo más allá de las alzas y bajas cotidianas; largo plazo no significa dejar el dinero en medio de la turbulencia. Si invierte en acciones bursátiles debe tener en cuenta el riesgo de estancamientos o caídas del mercado. Mi recomendación personal sobre invertir en la bolsa de valores es que no lo haga con su principal capital; tómelo más bien como **una forma de ahorro temporal en lo que encuentra alguna oportunidad mejor**, aprovechando la facilidad de que puede ir aportando poco a poco a ese fondo. Debe tener bien en mente que puede perder fácilmente lo invertido ahí, **destine** solamente **la cantidad de fondos que esté dispuesto a perder** o tener ahí estancada.

Desde la perspectiva más simple, poseer acciones de una empresa es ser dueño de una parte de ella. Cada acción equivale a un pedacito de la empresa. Si a la empresa le va bien, a nuestra acción le va bien; si a la empresa le va mal, a nuestra acción le va mal. Siempre hay que conocer los factores que pueden llevar a una caída del valor de la empresa, tanto intrínsecos, tales como las ventas, gastos y utilidades, como extrínsecos, tales como una caída generalizada en las bolsas de valores. Si una empresa tiene buenos resultados en cuanto a utilidades y valor de sus activos, estos van a ser factores no influenciados por la especulación bursátil y que presionarán a la alza el valor de las acciones. También hay que considerar el porcentaje de utilidad y las políticas de reinversión. Si una empresa tiene muchas utilidades, pero todo lo reparte en dividendos, la empresa va a ser una vaca que se ordeña a corto plazo, pero que a largo plazo va a perder fuerza y productividad. Esos dividendos se pueden usar para enriquecer nuestro flujo de efectivo o reinvertirse en proyectos productivos. Si una empresa reinvierte todas sus utilidades, va a presentarse una ganancia de capital o de valor de la acción, pero que no beneficia nuestro flujo de efectivo a corto plazo, a menos de que se vayan vendiendo acciones ya revalorizadas.

Existen productos o instrumentos de la bolsa de valores que implican un poco más de conocimiento técnico y de riesgo, tales como los futuros y las opciones, pero que pueden implicar grandes ganancias a corto plazo, aunque también grandes pérdidas. La forma más simple de entender los futuros y las opciones es conocer para qué fueron creados. Los futuros se crearon para fijar el precio, en determinado tiempo futuro, de un activo. Estos activos inicialmente eran agrícolas, como el maíz o la naranja, pero después se implementaron a acciones bursátiles y tipos de cambio, pagando una prima o comisión por ello; mientras que las opciones se crearon pensando el mismo principio que el futuro, pero de manera opcional. Los futuros y las opciones son medidas de protección, pero también pueden usarse para especulación, lo cual puede ser redituable pero también muy peligroso.

Otra ventaja de la bolsa de valores es que puede implicar una compra que esté en otro lado del mundo. Se pueden comprar acciones de empresas, monedas, bonos de deuda de algún país, o hasta apuestas sobre los indicadores bursátiles en sí. Las compras pueden durar desde unos minutos hasta muchos años, generando a veces ganancias más allá de toda perspectiva. Hay que tener bien claro que usar los instrumentos bursátiles para especular y creer que siempre se va a predecir correctamente la tendencia del mercado es una invitación a perder ese dinero e irse a la quiebra. He conocido matrimonios que estuvieron dedicados a la especulación hasta que perdieron todo, incluyendo su matrimonio. Existen muchos simuladores de varias casas de bolsa elaborados para que los inversores aprendan a manejar los diferentes instrumentos disponibles, pero siempre está la recomendación de darle el uso a cada instrumento específicamente para lo que fue creado.

Formas de comprar acciones por el tiempo:

- *Compras de largo plazo.* En este tipo de compras, la ganancia es la tendencia general a lo largo de mucho tiempo, generalmente años. Esta es la más recomendable para un comprador que no está dedicado exclusivamente a cuidar los altibajos del mercado. Es recomendable invertir en empresas que sean dominantes en su industria. También hay que considerar que el mercado descuenta por anticipado las ganancias o pérdidas. Es decir, si la empresa va a tener problemas, el valor de sus acciones va a bajar anticipadamente; por el contrario, si la empresa va muy bien, se le va a atribuir un valor por acción mayor. Esto puede observarse en la valoración de la acción respecto al valor en libros, ya que, como ejemplo, es de esperarse que si el escenario es optimista el valor por acción sea varias veces mayor a su valor en libros. Si el escenario es pesimista, el valor por acción va a ser posiblemente una fracción de su valor en libros.

- *Compras de corto plazo.* Con este tipo de compras se busca sacar provecho de las fluctuaciones del mercado en pocos días o dentro de un mismo día. El objetivo es hacer un análisis técnico de las gráficas de los precios de las acciones y estar siempre al tanto de noticias que pudieran causar un cambio brusco en el valor de la acción. Esta estrategia requiere de vigilar continuamente cualquier cambio o noticia sobre el mercado. Los administradores de fondos de inversión suelen tener personal de planta haciendo este trabajo.

Existen dos estrategias generales para las inversiones: diversificarlas y concentrarlas. La gente que quiere correr pocos riesgos aunque sus ganancias sean pequeñas tenderá a comprar un poco de todo, mientras que la gente que decide desarrollar un área experta y correr un poco más de riesgo, concentrará sus inversiones en pocos campos que conoce con mayor profundidad y en los cuales confía, ya que puede predecir su comportamiento. Mi opinión es que la diversificación no disminuye el riesgo de la manera en que lo hace el conocimiento de un área experta. Las áreas expertas generan visión, tanto a corto como a largo plazo, de lo que va a suceder, y es esto lo que a final de cuentas genera grandes ganancias. Por último, un par de consejos para los que quieren invertir en acciones bursátiles: al igual que con todo negocio, se debe comprobar el estatus de las acciones todos los días; las acciones no deben comprarse y dejarlas en el olvido. Afortunadamente, ya toda la información necesaria se puede obtener casi en tiempo real por medio de internet. El segundo consejo es comprar acciones de empresas a las que se les tenga confianza, y no de aquellas que tengan una tendencia a la alza, ya que esta tendencia puede deberse únicamente a una burbuja.

Para los grandes capitalistas, la compra de acciones puede conllevar hacerse del control de una empresa, con la ventaja de beneficiarse de la operación de la misma. No todas las acciones bursátiles de una empresa pueden otorgar el control, ya que hay diferentes tipos de acciones con diferentes beneficios. Un tipo de acciones no tiene voto pero suele tener prioridad ante dividendos, estas acciones son llamadas *preferentes*. Otro tipo de acciones son las *ordinarias*, que son las que otorgan el poder del voto. Esto varía de país en país y siempre es recomendable saber el tipo de acciones que se adquieren, aunque en términos prácticos a la gente que adquiere unas pocas acciones no le causa mayor diferencia.

Una observación respecto a la compra de deuda gubernamental. No es lo mismo comprar deuda gubernamental que prestar dinero de forma individual a personas específicas, ya que el que pide prestado, en especial con el objetivo de sacar adelante el gasto diario, lo está haciendo porque es insolvente. Si se hace un préstamo de este tipo, hay que considerarlo como perdido, y si es que el dinero regresa alguna vez, puede demorar mucho más de lo esperado, mientras que la deuda gubernamental puede llegar a representar un riesgo solamente en casos de crisis fuerte del gobierno emisor.

d. Invertir en bienes raíces

Los negocios en bienes raíces son negocios de paciencia. Independientemente de si el objetivo es la renta o venta de un bien raíz, puede tomar tiempo antes de que llegue el cliente adecuado. Los bienes raíces son inversiones atractivas desde el punto de vista de que el riesgo de perder el capital es por lo general muy bajo, aunque se tarde en generar ingresos, mientras que en otra clase de negocios, como en la compra de acciones bursátiles, se puede perder el capital. Por el contrario, es de esperarse que un bien raíz adquiera más valor con el tiempo, primeramente porque si hay inflación, el valor de las propiedades se ajusta y también porque normalmente las zonas donde se encuentra el bien raíz van desarrollándose y se vuelven más atractivas con el tiempo. Es común encontrar en las orillas de las ciudades terrenos a un precio menor que en el interior de las mismas y ver que el área urbana se amplía con el tiempo, y el que otrora fuera un terreno en zona deshabitada, pasa a estar en zona habitada y con otro valor.

Si va a comprar un bien raíz, primeramente debe cuestionarse sobre el posible crecimiento en el valor y qué riesgos tiene, tanto de la zona como del bien en sí. Por ejemplo, si un urbanizador ofrece en preventa lotes en un fraccionamiento que está en breña y apenas se van a empezar a realizar los trabajos de urbanización, es posible que se consiga un buen precio de adquisición, pero también existe el riesgo de que las especificaciones prometidas no se cumplan o que no se genere una buena demanda sobre los lotes del fraccionamiento y nuestra inversión no adquiera plusvalía.

La inversión en bienes raíces es muy amplia, tanto que hay libros enteros completamente dedicados a este tema. Hay muchos tipos de inmuebles, cada uno con sus peculiaridades. El tipo más simple de inversión en bienes raíces es la compra o construcción de una casa habitación para después rentarla. También está el bien inmueble comercial, ya sea un local, una oficina o un espacio destinado a alguna actividad económica. Un factor que hace atractivos los proyectos comerciales es que para mucha gente la ubicación es muy importante, lo que genera una mayor demanda que puede presionar el precio al alza.

En cuanto a ser propietario de su casa, hay mucha división de opiniones al respecto. Unos opinan que es mala inversión y otros que es buena. La realidad es que no hay una respuesta determinante para todos los casos, ya que depende del contexto; en algunos casos la respuesta es francamente afirmativa y en otros, es dudosa o negativa. El poseer la casa que se habita debe considerarse como cualquier otra inversión, y toda inversión debe estudiarse para estimar su rendimiento y su riesgo. De antemano, al decidir comprar la casa que se renta, ya tiene las cifras para analizar la rentabilidad del capital ahí invertido, pues ya conoce el precio de renta, sabe de cuánto capital se está hablando y, si la compra con el apoyo de un crédito hipotecario, sabe cuánto pagaría por concepto de intereses y por cuánto tiempo. El único dato del que no dispone es el de la plusvalía a futuro, pero puede asumir que al menos es equivalente a la inflación. Solamente resta hacer las cuentas. Invertir en adquirir la casa en la que va a vivir es similar a invertir en una casa para ofrecerla en renta, con la diferencia de que el cliente es uno mismo, y es como si se rentara de inmediato y con puntualidad en los pagos, además de que tiene la garantía de que el inquilino va a cuidar la casa.

No es mal negocio poseer una casa, ya que puede conservarla mientras se está apreciando y después venderla y obtener un margen de utilidad, además de que mientras usted la habita, deja de pagar un alquiler, aunque en términos generales la gente acostumbra mantener indefinidamente la posesión de las casas con el objetivo de sentir una mayor seguridad y no con el objetivo de obtener alguna ganancia. El suegro de un primo mío consideraba su casa como un producto a vender y, por ello, por un lapso de 25 años vendió en promedio una vez al año la casa que habitaba para adquirir otra posteriormente, retocarla y esperar la llegada de un comprador.

Cuando recién nos habíamos casado, mi esposa y yo no teníamos ahorros y, al igual que la mayoría de las parejas recién casadas, rentamos una casa. Con el tiempo fuimos ahorrando e invirtiendo esos ahorros hasta que eventualmente compramos un terreno ubicado en un fraccionamiento nuevo en la periferia de la ciudad donde empezamos a construir una casa. No teníamos capital más que para un tercio de la construcción, así que acudimos a un banco y contratamos un préstamo hipotecario. Finalmente terminamos de construir y nos mudamos, con lo que en lugar de pagar una renta, comenzamos a pagar la mensualidad de la hipoteca. Durante el tiempo que tardé en pagar la hipoteca, el valor del bien inmueble aumentó casi tres veces, mientras que de intereses pagué solamente alrededor de la mitad de lo que fue el costo de la construcción, el equivalente a lo que hubiese pagado de renta en otro lado. Eventualmente, al terminar de pagar el préstamo, nos encontramos libres del pago mensual y nuestro flujo neto de efectivo mejoró.

Comparto el siguiente ejercicio numérico de un caso hipotético, pero muy posible de apalancamiento, en el que una persona que no es propietaria de su casa y que está pagando cada mes una renta de 500 dólares por una casa que vale 100 mil dólares, es decir, que paga anualmente un 6% de su valor, de alguna forma tiene disponibles 25 mil dólares para invertir y tiene que decidir entre meterlos en un fondo de inversión que da un 8% de interés anual ya libre de impuestos y tomar ese interés cada mes para pagar menos renta a partir de su salario, o contratar un préstamo hipotecario a 20 años de 75 mil dólares para completar el valor de 100 mil dólares y adquirir esa casa, pagando una tasa de interés anual fija del 12%, lo que implica de entrada un pago mensual al banco de 826 dólares, es decir, un 65% más de lo que ya pagaba por concepto de renta. Otro supuesto usado para el cálculo fue considerar una inflación anual de un 5% aplicable tanto a la plusvalía como al aumento anual en la renta a pagar.

Tras analizar los números, conviene adquirir la casa, ya que si esta persona se inclina por invertir en el fondo, inicialmente va a destinar de su salario para cubrir la renta la cantidad de 333 dólares, considerando que toma el rendimiento ganado en el fondo de inversión para completar los mismos 500 dólares que pagaba de renta, pero ese rendimiento se va a quedar estancado, mientras que la renta se va a incrementar año con año, por lo que a partir del noveno año va a tener que sacar de su salario 833 dólares, un poco más de lo que estaría pagando por concepto de hipoteca. Al finalizar los 20 años, va a pagar 1,991 dólares de renta, ya descontando el rendimiento del fondo, mientras que si opta por adquirir la casa, ya no va a pagar renta y va a ser el propietario de una casa con un valor de 265,330 dólares. El monto total de las erogaciones por concepto de renta en la primera opción será superior a las erogaciones a realizar al banco de la segunda opción (234,572 dólares contra 198,196 dólares) y, además, al final del ciclo solamente tendrá los 25 mil dólares del fondo, en lugar de ser propietario de una casa con un valor diez veces mayor.

¿Qué pasa si en lugar de destinar nada más 333 dólares de su salario, destina la misma cantidad que si tomara el préstamo e invierte la diferencia, los 326 dólares sobrantes de la renta, al mismo fondo de inversión y reinvierte los intereses? La respuesta es que aún sigue siendo más rentable adquirir la casa, ya que la ganancia por adquirir la casa incluye la renta que se deja de pagar, más su incremento anual, más la plusvalía del total de la casa, aunque inicialmente sólo se haya pagado el enganche; es decir, un 26% anual respecto al enganche ya con ambos conceptos.

¿En qué casos no es recomendable comprar una casa? Básicamente, cuando exista una oportunidad claramente mejor para invertir nuestro dinero o cuando la adquisición implique un riesgo a la liquidez, especialmente al contratar un crédito hipotecario fuerte, o que la propiedad no vaya a tener plusvalía. Al adquirir una casa mediante un préstamo hipotecario es recomendable evitar que el flujo mensual comprometido para el pago del mismo sea muy alto, ya que cualquier desventura o fluctuación económica puede provocar que se pierda la propiedad y todo lo invertido en ella. El monto destinado a un pago de hipoteca, como todo gasto fijo o previamente comprometido, debe ser suficientemente bajo para que no represente un riesgo. Si no es el momento adecuado para adquirir una casa se puede optar por otro tipo de inversión temporal que implique una buena rentabilidad y un riesgo bajo.

Otro punto: recuerde que, por lo general, el secreto de las inversiones está en la compra; es decir, si quiere hacer negocio con algún bien raíz, **la oportunidad de generarlo se gesta al momento de comprar**, para después poder vender o rentar sin dificultad y con un buen margen de ganancia. En una empresa es igual: si se compran acciones de empresas a buen precio, las utilidades y dividendos que se disfruten serán mayores en relación a lo que costaron las acciones. También siempre es bueno pensar en un negocio que genere un flujo de efectivo constante, ya que algunos negocios, como la venta de bienes raíces, generan un flujo de efectivo solamente al momento de venderse. Un detalle que no hay que dejar de revisar es el impuesto que se tiene que pagar tanto al tener una propiedad, así como al rentarla o venderla, y el cómo reducirlo.

e. Invertir en una empresa con potencial

Las empresas, desde un punto de vista muy simplista, son grupos de personas que unen sus esfuerzos para producir algún bien o servicio, y para ello cuentan con determinados recursos financieros, tecnológicos o de alguna otra índole. Hay emprendedores que tienen un gran producto, pero que para tener un éxito comercial y financiero requieren de algo de capital y de alguien que sepa administrarlo correctamente. Hay personas que disponen de cierto capital y de cierta experiencia y conocimientos administrativos, que se dedican a buscar proyectos en dónde invertir. Se les conoce como inversionistas ángel, a lo mejor porque para el emprendedor es como si un ángel bajara del cielo a ayudarlo. Un ejemplo de un inversionista ángel que apoyó con capital a jóvenes que tenían un producto novedoso dando como resultado una empresa muy exitosa es el caso de Mike Markkula, de la empresa Apple. Markkula fue quien apoyó financieramente a Steve Jobs y a Steve Wozniak, fue parte del consejo directivo e inclusive llegó a dirigir la empresa por un tiempo.

Si tiene la intención de ser un inversionista ángel, debe preguntarse antes que nada si el producto y la gente son los adecuados. Si el producto es de baja calidad o de poca utilidad, se va a vender poco, pero si es un producto único y realmente genial el proyecto puede ser una excelente oportunidad. Por otro lado, si la gente que está emprendiendo el proyecto no inspira confianza, lo más sano será dejar ir el proyecto. También conviene preguntarse si la gente que va a estar a cargo tiene vocación en el giro al que se va a enfocar la empresa, ya que si no la tiene es posible que desista y se vaya ante cualquier adversidad, o no progrese como debiera. Otros cuestionamientos importantes ante un proyecto son: ¿Cómo va a recuperar su dinero el inversionista?, ¿se va a quedar permanentemente como socio de la empresa o eventualmente va a vender su parte con alguna ganancia?, y, lo más importante, ¿cuál será el retorno a la inversión?

Hay inversionistas que no quieren tener participación activa en las empresas en las que invierten. Entregan los recursos financieros a cambio de participación en acciones con la esperanza de que los recursos sean usados sabiamente y de que algún día vean esos recursos de regreso con ganancias. Hay otros inversionistas que prefieren empresas en las que pueden participar de forma muy activa, ya sea en la toma diaria de decisiones o en la operación misma, buscando mejorar la eficiencia o incrementar las ventas.

Un ejemplo de inversionista ángel es Marcus Lemonis, protagonista del programa de televisión *El Socio* (*The profit* para países de habla inglesa), quien encuentra empresas pequeñas e invierte en ellas corrigiendo, ya sea la oferta de productos, la estructura organizacional o los procesos. No siempre tiene éxito, pero ha ayudado a muchas empresas a salir de crisis y a crecer, obteniendo a la vez una ganancia. También hay inversionistas que en época de crisis aprovechan para comprar empresas con problemas financieros a una fracción de su valor para volverlas rentables al corregir sus procesos y oferta de productos, y al aplicar políticas de austeridad, modernización y reinversión. Aprendiendo de estos casos, si hay crisis económica y alguien tiene liquidez, puede salir de compras. Eso sí, hay que asomarse a los números y procesos antes de embarcarse.

Un buen lugar donde invertir es donde se encuentren tecnologías incipientes. Es decir, aquellas empresas que están desarrollando nuevas tecnologías eventualmente van a salir al mercado a venderlas y, si los productos son exitosos, el valor de las empresas va a crecer exponencialmente. Tal fue el caso de Microsoft y Bill Gates con el caso de los ordenadores personales. Ejemplos de tecnologías incipientes en la actualidad pueden ser los combustibles alternos, como el etanol, los ordenadores con procesadores lumínicos, los materiales compuestos para vehículos y estructuras, la ingeniería genética y la nanotecnología, entre muchas otras. Eso sí, hay que considerar que hay más riesgo en una tecnología que todavía no está probada que en una tecnología que está en uso.

Hay que saber la diferencia entre lo que es un inversionista ángel y un capitalista de riesgo (VC o *venture capitalist* en inglés). El origen de los recursos del primero son propios, mientras que los VC crean fondos de inversión donde mucha gente invierte. La implicación es que un VC busca empresas que ya estén en operación y donde el riesgo sea menor, mientras que el inversionista ángel asume un poco más de riesgo al invertir en proyectos incipientes, aunque con un capital menor, y sin tener que rendirle cuentas a nadie. Los VC, al administrar capital ajeno, tienen que rendirle cuentas a sus inversionistas, lo que puede hacer el proceso más lento.

f. Crear una empresa

La última alternativa de esta lista es la creación de una empresa. Es la última también en el sentido de que puede ser la que más requiera de recursos y conlleva más riesgos, por lo que es recomendable tener de forma previa algo de inversiones en las otras alternativas de esta lista. Actualmente la gran mayoría de las empresas nuevas fracasan en menos de un año o dos, muchas veces llevándose todo el patrimonio.

La pregunta más importante que debe hacerse al crear una empresa es si **realmente va a disfrutar por los siguientes 20 ó 30 años de ejercer esa actividad**. Si la empresa trata de arreglar zapatos, a usted le tienen que gustar los zapatos. Si no es el caso, no vale la pena crear una celda de la que le cueste trabajo salir. Tiene que ser feliz en el entorno que usted cree.

La siguiente pregunta es si dispone de un producto o servicio que es diferente o innovador, o si es factible tener ventas suficientes como para que valga la pena aventarse al ruedo. Comparativamente, en un ruedo la lucha está encaminada a salvarse de los toros; en una empresa la lucha se enfoca en vender lo más posible y gastar lo menos que se pueda para salvarse de la insolvencia. Si mi producto o servicio realmente no es nada especial, puedo vender menos de lo que gasto y el capital de trabajo puede esfumarse rápidamente.

Cuando decida dónde va a invertir, debe considerar el flujo de efectivo disponible, ya sea que provenga de un negocio "vaca lechera" o de algún empleo. Si el dinero con el que se va a sustentar el arranque de un negocio viene de un empleo, el giro del negocio al que se pretende ingresar debe requerir como máximo el flujo de efectivo que se le pueda destinar a partir de ese empleo. De esa manera se da tiempo al negocio para establecerse antes de empezar a generar utilidades. Debe considerar adicionalmente cuánto de su tiempo personal va a requerir el proyecto. Es más fácil invertir en un proyecto de alguien más y limitar la aportación que va a hacer, que crear una empresa que le represente continuamente una fuga de capital y de tiempo.

Es importante **desarrollar áreas expertas para hacer inversiones.** No puede saber todo de todo, pero sí puede saber mucho de poco. El área experta de uno de mis socios es la industria de las telecomunicaciones y seguramente las decisiones que tome en ese rubro serán las más adecuadas. Otros de mis conocidos saben mucho de arte, pintura, gastronomía, música, transporte o acero. Con una o dos áreas expertas es más que suficiente para encontrar muchas oportunidades rentables y con poco riesgo. Es básico aprender a obtener información de cada área experta. Por ejemplo, suponiendo que mi área experta fuese la aviación, tendría que comprar revistas de aviación, buscar los historiales de los participantes en el mercado, investigar de nuevas tecnologías, revisar las gráficas bursátiles de cada empresa, conocer las tendencias del mercado y las variables de las cuales depende, como el impulso que cada país le da como medio de transporte y la tendencia del costo del combustible. Hay gente y empresas que no prosperan porque no desarrollan un área experta; de ahí nace el dicho "zapatero a tus zapatos".

Es muy importante elaborar los estados financieros del proyecto de la empresa. Además de que los estados financieros son lo primero que va a solicitar un posible inversionista o prestamista, realizarlos nos puede ayudar a identificar las vulnerabilidades y la posible rentabilidad. Como observación, si alguien no puede elaborar los estados financieros de su propio proyecto, menos va a poder dirigir un negocio efectivamente. Los números están en todo. Más adelante en este libro ofrezco una pequeña introducción a los estados financieros.

Cuando invierte dinero en algún proyecto, debe asumir el riesgo de perder parte o el total del dinero. A veces las cosas no salen como usted quisiera y los rendimientos esperados simplemente no llegan. Una vez escuché un consejo que dice **"negocio que no es negocio, déjalo"**, y es bastante acertado, ya que cuando usted invierte en un mal negocio no solamente deja de ganar o pierde dinero, sino que pierde algo más valioso: su tiempo. No somos inmortales, el tiempo corre en nuestra contra y no podemos permitirnos desperdiciarlo en proyectos que no nos benefician. También debe considerar la **curva de aprendizaje** que se da cuando apenas está conociendo un negocio y encontrando la manera de que sea negocio, así como la economía de escala que se va adquiriendo.

Hay una regla que se cumple cuando se invierte en algún proyecto: **a menor riesgo, menor utilidad; a mayor riesgo,**

mayor utilidad. Cada persona sabe cuánto puede invertir y con qué riesgo, así que puede evaluar cualquier proyecto en base a estas dos variables. Cuando expuse el tema acerca de las primeras inversiones que una persona puede realizar, expliqué que una de ellas es pagar las deudas. De estas inversiones conocemos los dos parámetros: sabemos exactamente cuántas ganancias van a generar y sabemos que el riesgo es casi nulo, ya que lo que estamos haciendo es evitar que se generen intereses de un adeudo ya conocido. Es por esto que el pago de las deudas es un buen comienzo antes de invertir en una empresa propia.

Muchas veces es necesario dejar de lado proyectos que nos ha costado desarrollar. Siempre es mejor dejar desde un inicio un proyecto que no nos convence, que después de que hemos realizado compromisos y perdido dinero. El primer proyecto que desarrollé fue sobre una fábrica de jabón líquido para usarse en máquinas lavadoras de ropa. Me asesoré con un doctor en química y me puse a realizar experimentos hasta que conseguí un producto aceptablemente bueno. Después desarrollé la imagen de la botella y de la etiqueta. Investigué sobre los costos de maquinaria y de los insumos. Después establecí los números y mi estimación arrojaba una producción inmensa, considerando los márgenes de utilidad tan pequeños que se podían generar; el proyecto fracasaría si se presentaba cualquier contratiempo u obstáculo. Afortunadamente decidí tirar el proyecto, ya que tres meses después de que se fue a la basura una empresa trasnacional fabricante de jabones sacó al mercado un producto muy similar.

Las franquicias también son posibles negocios normalmente ya probados que, aunque tienen un costo alto, suelen generar ventas generosas. Hay franquicias de todo tipo, desde las que venden hamburguesas hasta lavanderías o casas de cambio de divisas. Otra posible alternativa de negocio es crear la franquicia y después venderla. Si un negocio ha funcionado bien, puede venderse el modelo a otra gente que también quiere invertir.

Si usted analiza la fuente de riqueza de las personas más ricas del mundo encontrará que, por regla general, son todos propietarios de empresas dominantes en diversos mercados, los cuales generalmente están en crecimiento. Al invertir en cualquier proyecto, sugiero considerar las recomendaciones de Warren Buffett, quien es en este momento uno de los tres hombres más ricos del mundo. Las principales recomendaciones son: nunca invertir en algún proyecto que no se pueda entender, basar nuestros razonamientos en datos, analizar los historiales de varios años, buscar proyectos que tengan futuro a largo plazo, no especular con la economía y la bolsa de valores, y, en especial, invertir en empresas con un buen historial de beneficios y una posición dominante.

Evaluación de proyectos de inversión

A la hora de buscar proyectos de inversión es recomendable analizar los factores de evaluación de la siguiente lista:

Factores de evaluación de proyectos:

Riesgos. Hay que considerar los riesgos de cada proyecto. Si tiene un proyecto cuyo riesgo de estancarse o perderse por completo es considerable y no le sobran los recursos económicos que le destinaría, será mejor que busque otro proyecto.

Capital requerido. Hay que saber medir fuerzas. Aunque se puedan conseguir capitalistas cuando se tiene un buen proyecto, en muchas ocasiones no se quiere invitar a terceros. Si un proyecto requiere poco capital, se le pueden dedicar recursos sin tantas preocupaciones.

Rentabilidad. Si las posibles utilidades de un proyecto son muy pocas, entonces no vale la pena invertir en él, a menos de que el riesgo sea nulo y la inversión necesaria sea realmente poca, al grado de que no le quite recursos que pudiera invertir en proyectos mejores. Por el contrario, si la rentabilidad es muy alta, pudiera valer la pena correr un poco más de riesgo. Siempre hay que verificar los indicadores de la rentabilidad y decidir si vale la pena o no tomar el riesgo. **"No hay que ponerle dinero bueno al malo"**. Los indicadores financieros más comunes para comparar la rentabilidad de diferentes proyectos son la Tasa Interna de Rendimiento (TIR), el Valor Presente Neto (VPN) y el Período de Recuperación (PR); normalmente las hojas de cálculo pueden hacer los cálculos de estos indicadores de forma automática a partir de una tabla de un flujo a través del tiempo.

Flujo de efectivo. Hay dos clases de ingreso que puede brindar un proyecto. El primer tipo de ingreso es el que se obtiene de manera constante. Ingresos de este tipo son los obtenidos en comercios, industrias, restaurantes o por alquiler de bienes raíces. El otro tipo de ingreso es el que se da al vender el activo completo, como cuando se vende un bien inmueble o una acción bursátil después de apreciarse. El problema de este tipo de ingresos es que a veces la venta tarda mucho en realizarse y eso le resta atractivo al proyecto. Un ingreso constante, aunque sea pequeño, siempre hace que un proyecto sea más estable.

Costos de entrada y de salida. Hay negocios que requieren de inversiones en maquinarias y bienes raíces muy cuantiosas y que no empiezan a generar ingresos hasta no completar todas las inversiones. Ejemplos de este tipo de negocio son restaurantes y ranchos agrícolas. A esta clase de negocios, antes de empezar a vender, muchas veces no le queda capital con el cual soportar el tiempo que tarda en generar la clientela suficiente para llegar al punto de equilibrio. Cuando finalmente quiebra, la inversión no es recuperable o, en todo caso, lo es en apenas una fracción del costo original. En cambio, hay otro tipo de negocios en donde la principal inversión, por no decir toda, está exclusivamente en el inventario de productos. Cuando el negocio cierra, el dueño vende lo que le queda de inventario y pierde poco o nada de su inversión original. Inversiones de este tipo son la compra de terrenos o bienes inmuebles, la compra venta de automóviles y el comercio de mercancías.

Tamaño y competitividad del mercado. Nunca hay que olvidar hacer una estimación tanto del tamaño del mercado, como de la facilidad o dificultad de participar en él de acuerdo a la calidad y costo de los productos competidores. Si el mercado es muy pequeño, no venderemos mucho, a menos de que los que participan en él sean débiles o fáciles de superar. Si el mercado es muy grande y muy fraccionado entre muchos participantes, nuestras posibilidades de éxito aumentan.

Una herramienta que se puede aplicar para evaluar un negocio o elegir entre varias opciones, es darle una calificación ponderada a cada uno de los factores anteriores y sumar esas calificaciones. Una ponderación no es más que una evaluación de la importancia que cada quien le da a cada factor respecto a los otros factores. Si bien el hecho de visualizar en cualquiera de estos factores un problema puede ser razón suficiente para descartar un proyecto, si se tienen varios proyectos posibles, ésta puede ser una herramienta para elegir un posible proyecto ganador.

Para ejemplificar la aplicación del sistema ponderado, suponga usted que tiene que elegir entre una de las dos siguientes alternativas de inversión, ambas por el mismo monto: la primera es financiar a un equipo de programadores que están desarrollando una aplicación y que promete un retorno a la inversión de un 40% anual, pero que tiene una probabilidad de éxito de un 50% y, en caso de fracaso, la pérdida tota de la inversión; la segunda es el pago de un adeudo que tiene un interés de un 10% anual.

La asignación del peso o ponderación es meramente subjetiva para cada persona y su contexto, y cada quien elige cuáles de los factores de evaluación de la lista anterior van a incluirse en el análisis. Para continuar el ejemplo anterior, considerando que es más importante para usted la seguridad de la inversión que una posible rentabilidad alta, usted asigna una ponderación de un 80% al factor de la seguridad y de un 20% a la rentabilidad esperada. Pueden incluirse más factores de evaluación, pero en esta ocasión se consideran solamente estos dos para simplificar el ejemplo. Con estas consideraciones, para el factor de la seguridad de la inversión, usted asigna, de un máximo de 100 puntos, solamente 50 puntos al proyecto de desarrollo de la aplicación, mientras que al pago de la deuda le asigna los 100 puntos, ya que puede considerarse que al pagar una deuda el dinero está completamente a salvo, mientras que para el desarrollo de la aplicación existe la mitad de probabilidades de perderlo. Por otro lado, para el factor de la rentabilidad usted asigna 100 puntos al proyecto de desarrollo de la aplicación y solamente 25 al pago de la deuda, ya que la rentabilidad de la segunda es de una cuarta parte respecto a la primera.

Sistema ponderado de evaluación de inversiones

Factor	Ponderación	Opción desarrollo app		Opción pago deuda	
		Calificación	Peso final	Calificación	Peso final
Seguridad de la inversión	80%	50	40	100	80
Rentabilidad	20%	100	20	25	5
TOTAL	100%		60		85

El resultado, el cual puede apreciarse en la tabla anterior, es que es más conveniente en este ejercicio el pago de la deuda que el proyecto de desarrollo, ya que la calificación ponderada para esta última opción fue de 60 puntos, mientras que la opción del pago de la deuda obtuvo 85 puntos. Si bien este ejemplo es muy simplificado, muestra la mecánica de esta herramienta de análisis.

La libertad financiera

Frecuentemente me llegan a preguntar o a hacer comentarios sobre la libertad financiera. Este término es muy empleado al hablar de finanzas personales y básicamente se refiere a tener un ingreso pasivo suficiente como para cubrir los gastos, de forma que uno se libera de la necesidad de trabajar para vivir. Por decirlo así, equivale a una jubilación. Estos conceptos son propuestos inicialmente en la serie de libros de Robert Kiyosaki *Padre rico, padre pobre*.

El término *ingreso pasivo*, a diferencia del ingreso activo, se refiere a que el primero no depende de nuestro trabajo ni requiere de nuestro tiempo. Los calificativos activo y pasivo se refieren exclusivamente a si se requiere o no de nuestro tiempo para seguir recibiendo el ingreso y no tienen relación con los términos formales de contabilidad homónimos. También se les llama ingresos residuales.

En muchos libros de finanzas personales, seminarios y conferencias se promueve fuertemente que el gran objetivo financiero que se debe perseguir es la libertad financiera. Yo estoy a favor de que la gente busque tener un ingreso que no dependa de su tiempo, y eso se logra siguiendo los principios de este libro, pero creo que al hacerlo hay que evitar alejarse de dos conceptos que es mejor conservar. El primer concepto se refiere a invertir prioritariamente tanto dinero como tiempo en lo que genere más trabajo, empezando por la capacitación y la educación propia. Es el primer tipo de inversión que debe tener en la mente. Tener más trabajo o uno mejor con más ingresos acelera el proceso de enriquecimiento, pero también nos engrandece como personas.

El segundo concepto del que tiene que evitar alejarse tiene que ver con trabajar en aquello por lo que tengamos vocación. Debe buscar un oficio en algo que le guste. Tengo la certidumbre de que invertir en uno mismo y en tener más trabajo en aquello en lo que le gusta va a tener un resultado más ágil y más satisfactorio, que si invierte en algo en lo que no tiene mayor interés y que hace solamente con el objetivo de tener un ingreso.

Veamos el siguiente caso. Hace poco me contactó un cliente que tuve justo cuando empecé a ofrecer servicios de construcción y con el que además se formó un vínculo de amistad. Él invirtió cierta cantidad de recursos y tiempo en estudiar un posgrado en el extranjero y, cuando regresó, por su misma preparación tuvo más puertas abiertas en dónde aplicar aquello en lo que había estudiado. Él tuvo la oportunidad de invertir esos mismos recursos en algún otro lado, pero no hubiera crecido como persona. Tener más puertas abiertas también le ayudó a tener mejores ingresos. Otro ejemplo, los compositores de música de películas de alto presupuesto suelen hacer inversiones realmente fuertes en cursos, equipo e instrumentos; hacer esas inversiones a corto plazo no hace que sus ingresos no dependan de su tiempo, pero sí hace que sean mejores artistas y consigan mejores contratos, además de dedicarse a aquello por lo que tienen vocación.

En una ocasión le preguntaron a un cantante famoso que si invertía en alguna empresa, y su respuesta fue contundente: él es su principal inversión. Efectivamente, él generaba más ingresos que los que posiblemente hubiese podido generar invirtiendo en otro lado.

Concluyendo, la libertad financiera es un buen objetivo pero siempre manteniendo como prioridad el invertir en uno mismo y en aquello que esté dentro de nuestra vocación, aunque parezca en un inicio que el invertir así equivale a seguir dependiendo por más tiempo de nuestro trabajo para vivir.

El secreto de la reinversión

Una parábola cuenta que un hombre muy rico le debía un gran favor a un sabio, y cuando le preguntó a éste si le podía pagar con granos de maíz, el sabio asintió, pero le dijo que tomara un tablero de ajedrez y que pusiera un grano en el primer cuadro y que en el siguiente cuadro pusiera el doble de granos que en el primero, y así sucesivamente hasta llenar los sesenta y cuatro cuadros, y ese sería su pago. Ese hombre rico debió entregarle más de dieciocho trillones de granos, ó 18,446,744,073,709,551,615 granos. ¿Difícil de creer? Haga la cuenta cuadro por cuadro y se sorprenderá. Esta cuenta la incluyo en el Anexo 1 para que la visualice más fácilmente.

Cualquiera sabe que para crecer hay que reinvertir, pero muy poca gente sabe que los números o montos de inversión no crecen de manera lineal, sino exponencial. Para que comprenda mejor, le doy este ejemplo:

Un amigo suyo empieza su negocio de vender pastelillos en la cochera de su casa. Con sus ahorros prepara cien pastelillos para empezar la venta. Le cuesta un dólar hacer cada pastelillo y lo puede vender en tres. Una vez que los pastelillos están listos, saca una mesita y un par de sillas a la cochera, pone un letrero para anunciarse y el negocio ha comenzado. Pasa un poco de tiempo y la gente comienza a pasar por enfrente; más tarde se acerca el primer cliente y ocurre la primera venta; enseguida comienzan a llegar más clientes. Al final de cuatro o cinco horas, los cien pastelillos se han agotado. Entonces su amigo tiene una disyuntiva: ¿cuántos pastelillos preparar para el día siguiente? ¿Solamente hacer 100 pastelillos o hacer 300 pastelillos considerando lo que ganó del día anterior? Si nuestro amigo piensa como toda la gente, tomará los 200 dólares de utilidad, los gastará en otra cosa y elaborará solamente 100 pastelillos, pero si conoce el secreto de la reinversión, procurará tomar lo menos posible de su utilidad y la reinvertirá el resto en hacer más pastelillos. Suponiendo que el mercado da para ello, o sea, que existan suficientes clientes, si reinvierte todo, para el segundo día tendrá 300 pastelillos para vender, para el tercero tendrá 900, para el cuarto, 2,700 y para el quinto, 8,100 pastelillos. Su amigo se da cuenta de que puede conseguir en renta otro local y ya tiene dos puntos de venta. Probablemente ya tiene que pagar además un par de empleados para vender y otros dos para cocinar, por lo que a partir de este punto tiene costos fijos por cubrir, pero las ventas ya dan para ello. También empieza a conseguir sus insumos a mejor precio y empieza a tener su economía de escala en la producción, por lo que se ahorra los mismos dólares que generó en costos fijos. Sigue su expansión y para el sexto día vende 24,000 pastelillos, y para el séptimo día, 73,000 pastelillos.

Veamos lo anterior en la siguiente tabla:

Crecimiento por reinversión

Día	Cantidad a vender	Costo de producción	Monto de ventas
1	100	$100	$300
2	300	$300	$900
3	900	$900	$2,700
4	2,700	$2,700	$8,100
5	8,100	$8,100	$24,300
6	24,300	$24,300	$72,900

El cálculo se puede resumir en la siguiente fórmula:

Monto final = monto inicial x (1+porcentaje de utilidad)^{períodos}

Monto final = 100 x (1+200%)^6 = $72,900

En realidad es muy difícil que un negocio prospere tan rápido por cuestiones de logística y mercadeo, pero sí es factible encontrar negocios que generen un retorno sobre la inversión (RSI o ROI en inglés) equivalente a un 30 ó 40% anual. Consideremos ahora este ejercicio: otro amigo suyo compra 100 acciones a un dólar cada una de una empresa que tiene una tasa de apreciación de 30% anual capitalizable mensual y mantiene la acción por diez años; ¿cuánto valdrán sus acciones al cabo de los diez años? Usemos la fórmula otra vez. Nótese que el rendimiento anual se divide entre 12 por ser capitalizable mensual, lo que da un 2.5% de rendimiento por mes, mientras que el número de períodos se multiplica por doce, dando 120 períodos o meses.

Valor final acciones = 100 x (1 +2.5%)$^{10 \times 12}$ = $1,936 dólares

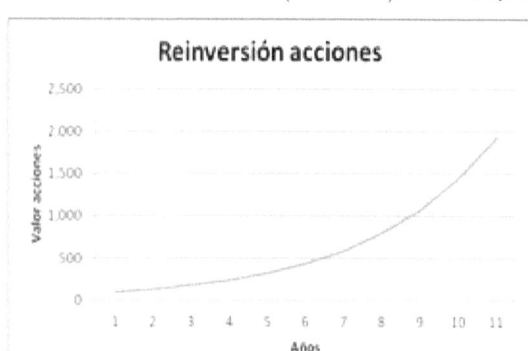

De manera gráfica, este es el crecimiento del valor de las acciones. Se puede observar claramente que la línea que representa el valor de las acciones conforme pasan los años no es una línea recta, sino que es curvada hacia arriba.

Realmente no es tan difícil que se presente este crecimiento. Si el rendimiento máximo que los inversionistas pudieran tener fuera la tasa de interés ofrecida por los bancos, no habría inversiones, salvo las bancarias. La principal diferencia entre una persona con inteligencia financiera y una sin ella es que esta última no reinvierte y se estanca vendiendo siempre lo mismo y gastando su utilidad en lugar de crecer primero y gastar después.

Llevando el último ejemplo un poco más lejos usando las fórmulas financieras de interés compuesto y valor futuro, supongamos que su amigo, en lugar de hacer una sola compra de 100 dólares en acciones, cada mes durante los mismos diez años compra rigurosamente otros 100 dólares y el rendimiento se

sostiene en un 30% anual. Al final del periodo de los diez años (120 meses) ya tiene en su haber más de 75,000 dólares, que le generan mensualmente casi dos mil dólares por concepto de intereses.

Este último ejemplo es de suma importancia, ya que nos indica que si una persona ahorra e invierte la tercera parte de su salario en algún negocio que genere un 30% de utilidad anual, en un período de sólo cinco años logra que sus ingresos por concepto de retorno sobre su inversión sean mayores que su salario inicial íntegro; es decir, ya se puede jubilar o ser autónomo financieramente hablando. Vale la pena hacer notar que si el rendimiento de una inversión es muy bajo, como el de aquellos rendimientos de un solo dígito que suelen dar los bancos, verá crecer sus inversiones muy lentamente. Afortunadamente, sí es factible encontrar proyectos de inversión con una rentabilidad de al menos un 15 ó 20%.

Clases de inversionistas

Hay muchas maneras de clasificar a los inversionistas, yo opto por esta propuesta de cuatro tipos de inversionistas. No incluyo dentro de estas categorías a los que no ahorran nada.

El primer tipo de inversionista es el inversionista *miedoso*. Este tipo de inversionista nunca ha apostado a nada que conlleve un poco de riesgo, aunque el rendimiento sea atractivo. Para él la mejor forma de guardar el dinero es bajo el colchón. Eso sí, ese colchón con el tiempo está bien acolchonado y el inversionista, literalmente, duerme mejor. Si usted es de este tipo, yo le recomiendo que supere esos miedos y ponga ese dinero a trabajar, aunque vea a su colchón desinflado. El problema de ser este tipo de inversionista es que las economías tienen inflación y el dinero que no se trabaja va perdiendo valor, por lo que en realidad lo único que está haciendo es ahorrar y observar cómo lo ahorrado cada vez vale menos. Poner el dinero en el banco cuando el rendimiento es nulo equivale a poner el dinero en el colchón. La tasa de rendimiento del dinero que se deposita en una cuenta bancaria tiene que compararse con la inflación para ver si, en términos reales, el dinero va creciendo.

Otro tipo de inversionista es el *descuidado*. Este inversionista junta todo su dinero y sin mayor análisis lo invierte en el primer proyecto que se le cruza por enfrente, se emociona, no controla los gastos y en poco tiempo se le va todo lo que tenía, y el proyecto se detiene a medio arranque. Este inversionista no genera ninguna área experta, ni investiga, ni se asesora con nadie. Si alguien así lo invita a un proyecto, mejor salga corriendo de ahí, porque va a perder hasta la camisa. Este tipo de inversionista es peor que el *miedoso*.

Un tercer tipo de inversionista es el *capitalista*, que busca, investiga, analiza, se asesora y, finalmente, invierte en proyectos con un buen rendimiento. Generalmente busca fondos de inversión o acciones de la bolsa de valores, suele participar como socio capitalista en una o varias empresas, y mantiene una visión a largo plazo. Si usted no tiene el tiempo de generar proyecto, sea de este tipo de inversionista y vea cómo sus ahorros crecen a pasos acelerados.

El último tipo de inversionista es el *empresario*, que es el que genera los proyectos en áreas que conoce bien e invita a otros a invertir en ellos. Generalmente participa también con capital en los proyectos que crea y gana tanto por administrar el proyecto, como por obtener utilidades por el capital invertido.

Es muy frecuente escuchar la frase "dime con quién te juntas y te diré quién eres". Si usted socializa con gente que vive llena de miedos, terminará compartiendo esos miedos. Si usted comparte experiencias con gente que invierte y obtiene buenos rendimientos, seguramente aprenderá y hará lo propio. Esto no significa que abandone sus viejas amistades, sino más bien que comparta su pensamiento con quien sea más proactivo.

Es de notarse que entre mayor sea una persona, menor va a ser el riesgo que está dispuesta a tomar. No es lo mismo arriesgarse al comienzo de la vida laboral que al final.

El manejo de la deuda

El apalancamiento o adquisición de deuda es una herramienta delicada. Puede sernos útil una deuda, pero hay que saber cómo piensan los banqueros para poder sacarle el máximo provecho, al menor costo y riesgo. Teóricamente, si se emprenden proyectos con una tasa de rendimiento mayor al costo de la deuda, se puede generar esa deuda para financiar el proyecto y se va a tener una utilidad. En la práctica he visto que toda empresa y toda economía tienen ciclos fuertes que pueden llevar a la insolvencia a una empresa y las deudas terminan por causar la quiebra. No hay que desechar totalmente los préstamos, pero hay que tomarlos con recelo. Una deuda puede ayudarnos a crecer sin utilizar tanto capital personal o nos puede ayudar a hacernos de un activo, pero el sobre endeudamiento nos puede arruinar.

Contraer una deuda, especialmente con un banco, significa, en última instancia, que le estamos pagando el negocio al banco. El banco presta diez veces lo que tiene de capital social y busca, a final de cuentas, obtener su rendimiento del 13, 15 ó 30% anual sobre los saldos insolutos que sus clientes tienen. El mismo ejemplo de la reinversión utilizando el interés compuesto es aplicable a la inversa; es decir, cuando en lugar de invertir, contrae una deuda. Contraer una deuda implica el costo de oportunidad de invertir y hacer crecer el dinero destinado a los pagos. La deuda puede ser un cáncer o una ayuda. La deuda tiene el poder de destruir la economía de cualquier país y de cualquier persona, o de darle el pequeño empujón que le faltaba.

Otro punto importante con las deudas, especialmente las hipotecarias, es que el pago mensual que generalmente propone el banco es tal, que durante los primeros años solamente una pequeña fracción corresponde a aportación a capital, y el resto consiste en intereses y comisiones. Es por eso que lo conveniente cuando se tiene un préstamo, si bien no se puede liquidar por completo, es abonar cualquier pago anticipado posible a capital. Con un pequeño incremento en el pago mensual que se ejecute, se pueden llegar a disminuir hasta por varios años los períodos a pagar.

Por poner un ejemplo, si se tiene una deuda de cien mil dólares a una tasa de interés del 12% anual (uno por ciento mensual), y el banco le ha estipulado que pague como mínimo 1,050 dólares mensuales, solamente 50 dólares se abonarán a capital (es decir, a disminuir el monto adeudado o los saldos insolutos). Si se pagan al banco, especialmente al inicio del préstamo, otros 100 dólares mensualmente, se está abonando a capital el triple de cantidad con aumentar el pago en menos del diez por ciento. Si en las primeras mensualidades se realizan aportaciones a capital anticipadas, cada dólar pagado por anticipado implica que se está generando un ahorro de 20 dólares. En un préstamo hipotecario que yo obtuve, la proporción del ahorro era de diez dólares por cada dólar pagado por anticipado.

Hay autores que definen como deuda mala la que nosotros pagamos y como buena la que alguien más paga en nuestro favor. Es decir, si compra una casa a crédito, pero después la renta, el que paga la deuda es el inquilino; es una deuda buena. En cambio, cuando compra una casa grande con una hipoteca también grande, se considera una deuda mala, ya que usted trabaja para hacer rico al banco.

Mi opinión es que, para comprar una casa, el cobro que hace un banco por concepto de tasa de interés y comisiones es generalmente mayor al precio de renta de una propiedad, por lo que es básico buscar una muy buena oportunidad y no dejar de analizar los números del proyecto. Cuando se tiene un préstamo hipotecario que sea compensado por el pago de una renta se puede llegar a considerar como una deuda sana, pero cuidando que el flujo de efectivo proveniente de la renta no sea significativamente menor que el flujo de efectivo destinado al banco. También hay que considerar que el bien que se compra a crédito adquiera valor con el tiempo, ya que esa plusvalía se puede traducir en flujo de efectivo adicional. Y, por el contrario, si el bien que se compra a crédito pierde su valor con el tiempo, también es importante tomarlo en cuenta. Todo proyecto debe analizarse y ser rentable numéricamente.

Una estrategia interesante que siguió un amigo mío para asegurar el pago de su pago hipotecario, ganando disponibilidad de efectivo en caso de alguna emergencia, consistió en invertir todo lo que pudo en un fondo de ahorro con un rendimiento alto, en lugar de pagar directamente su crédito, de manera que los intereses obtenidos en el fondo fueran equiparables a los intereses cobrados por el banco, por el crédito hipotecario; de esta manera, llega el momento en que el monto acumulado en el fondo equivale al crédito hipotecario y este último se liquida. La estrategia tiene sus ventajas y sus bemoles. Por un lado, efectivamente se tiene un monto del que puede echarse mano en caso fortuito. Por el otro, generalmente es difícil encontrar tanto un fondo con buenos rendimientos, como un préstamo con interés suficientemente bajo, y se está tomando un riesgo, ya que, en caso de crisis, el fondo puede perder valor en lugar de ganarlo.

Una observación respecto a endeudarse para emprender un proyecto: si bien es factible que la falta de fondeo retrase su crecimiento, es muy frecuente observar que empresas quiebren por exceso de deuda, y es muy poco frecuente observar que quiebren por falta de deuda.

El manejo de los impuestos

Los impuestos pueden verse de varias maneras, una de ellas es verlos como una cooperación que realizan todos los ciudadanos de un país para que el gobierno procure servicios y construya infraestructura que todos puedan disfrutar. Otra manera de verlos es como un ingreso que nos quitan los funcionarios del gobierno para después ver cómo darle un mal uso o quedarse con parte de él. Yo estoy de acuerdo con ambas. En teoría los impuestos son para beneficio de todos, pero en la realidad, por desgracia, en muchas ocasiones se hace un mal uso de ellos, además de que el gobierno nunca ha brillado por ser un administrador honesto y eficiente de los bienes nacionales. Es por esta razón que mucha gente simplemente no quiere erogar los impuestos (y muchas veces ni siquiera hacer las declaraciones), porque no tiene confianza en que ese dinero que sale, regrese en forma de algún beneficio.

En los países europeos, al igual que en los americanos, el cobro de impuestos para las personas físicas está pensado para que el que gane más pague más impuestos en un porcentaje cada vez mayor. Por esta razón muchas empresas cambian la forma en que compensan a sus principales ejecutivos, utilizando diversas estrategias contables para disminuir el pago del impuesto.

Para los empleados no hay mucha capacidad de controlar el impuesto que pagan, ya que antes de que el dinero llegue a sus manos, la empresa para la cual trabajan ya tomó el dinero para entregarlo al fisco. Para una persona que tiene su negocio el panorama es totalmente diferente, ya que siempre tiene la oportunidad de reinvertir para reportar menos ganancias y pagar menos impuestos; obviamente, entre más utilidades quiera retirar del negocio, mayor va a ser el impuesto, así que **llevar una vida austera siempre ayudará a pagar menos impuestos**.

Hay que considerar que existen varias alternativas de esquema fiscal con las cuales tratar un proyecto. Estos esquemas son variables de país en país e inclusive de ciudad en ciudad. Conviene revisar el tratamiento que genere menos obligaciones fiscales. La mejor asesoría generalmente se puede obtener directamente de las oficinas tributarias, a veces hasta por vía telefónica o por medios electrónicos. Además, el orientarnos mediante el mismo instituto que nos puede revisar, facilita que todo esté conforme a sus reglas.

No ceder al negativismo

Cuando se empieza a planear un proyecto y se platica con amigos y familiares, lo que más se escucha son opiniones de que no va a funcionar, quizás debido a que la gente tiene sus propios miedos y barreras mentales. Una señora adquirió un terreno y soñaba con construir ahí un restaurante de comida vegetariana y orgánica en el que también iba a haber un espacio para hacer yoga. En varias ocasiones el comentario que recibió fue que no le iba a alcanzar el dinero y que el negocio no le iba a funcionar. Pasaron varios años y con gran esfuerzo la mujer logró construir y abrir el restaurante con su salón para hacer yoga. Al principio sus ventas no fueron muchas, pero resultó que el mercado de gente que le gusta el yoga y la comida orgánica no era de subestimarse y poco a poco el lugar se fue acreditando y llenando de clientela.

Debe **buscar un mentor para cada proyecto** que realmente tenga experiencia en el área y que le proporcione una visión que sea realista y bien informada. Si se carece de un mentor, hay que investigar lo suficiente como para tomar una decisión adecuada, sin olvidar nunca revisar los números. Para incrementar los rendimientos, se necesita ser optimista, analítico, escuchar las opiniones de la gente que conoce y aceptar correr algo de riesgo.

Un caso inspirador es el de Thomas Alva Edison, quien soñó con inventar una lámpara incandescente que funcionara con electricidad y que tuviera una larga duración. Obviamente lo logró, pero no fue al primer intento, ni al segundo, ni al tercero, sino que realizó varios centenares de intentos antes de lograrlo. Si Edison hubiera tenido una mentalidad negativa o se hubiera dejado influenciar por gente negativa, hoy en día todavía estaríamos usando lámparas de petróleo. Edison logró su invento del foco incandescente al igual que varios otros inventos, los cuales pudo comercializar con unas ganancias inigualables.

La gente que emite solamente comentarios de desánimo es gente que no tiene la actitud para llevar a cabo proyectos de ningún tipo, y eso se refleja en lo que hace. Un buen consejo para tener una actitud positiva es frecuentar a gente que también tenga una actitud positiva.

Las personas exitosas por lo general han vivido primero historias de fracasos. Yo fracasé en mi primer negocio y fui exitoso en el segundo, al igual que mucha gente. No hay que rendirse ante los fracasos, pero sí hay que aprender de ellos. **Para aprender a caminar también hay que caerse.**

No caer en estafas

Una vez que se tiene un ahorro, hay que ser cautos al momento de salir a invertir. Es necesario tener especial cuidado de no caer en una estafa, pero ¿cómo identificar una posible estafa? Lo primero que hay que tener en cuenta es que **la avaricia puede cegar la vista**, y esto lo saben los estafadores. Si algo es demasiado bueno, en realidad puede ser un fraude, pero no es muy difícil darse cuenta cuando algo huele mal. Siempre hay que preguntarse cómo genera el negocio el valor agregado que conduce a una utilidad.

Por ejemplo, al menos una o dos veces al año me platican de negocios de pirámides. Este tipo de negocios consiste en que una persona paga una cuota de ingreso a un negocio y tiene que invitar a su vez a algunos incautos que pagan a su vez su cuota, la persona que pagó primero su cuota de ingreso recibe un bono por cada uno de sus invitados, así como por cada persona que ellos a su vez lleguen a incorporar al negocio. Al final del día, el negocio no es sustentable porque no se realiza ninguna actividad productiva, solamente es una forma de cambiar el dinero de manos y de perder el tiempo. Hay que aclarar que una pirámide es distinta a un negocio de red multinivel, ya que en este último sí se genera un valor agregado y la intención es una presencia permanente, mientras que una pirámide se distingue por ser un evento efímero y en algunos países hasta ilegal.

En alguna ocasión una persona cercana a mí y su esposa destinaron unos bonos que habían recibido a un proyecto en el que les prometían un 300% de utilidad anual; para estar bien seguros de que se entendió bien, esto significa recibir cada año tres veces lo que se ingresó. Obviamente al tercer mes los promotores del negocio desaparecieron y la pareja perdió su dinero.

Romper paradigmas

En la antigüedad los oficios se transmitían de generación en generación mediante la enseñanza principalmente de padres a hijos, de manera que por muchos años, por no decir siglos, las cosas se hacían prácticamente de la misma manera. La gente común sigue los modelos de conducta y de creencias de quienes la rodean y, en general, recrimina cualquier intento de cambiar esos paradigmas.

Si usted aprende a ver el mundo que lo rodea buscando mejoras, siempre encontrará buenas oportunidades que lo llevarán mucho más lejos que lo que los caminos tradicionales podrán. Los grandes avances de la humanidad han sido proporcionados por visionarios, y los visionarios no son personas con coeficiente intelectual infinito, más bien son personas que siempre se están preguntando qué pasa si hacen las cosas de forma diferente.

Seguramente cuando a usted se le ocurra una buena idea va a encontrar gente que está acostumbrada a limitarse en su visión y que le va a querer desanimar. Le recomiendo que escuche a esta gente, pero no desista ni cambie su manera de pensar si recibe un mensaje negativo. Alguna vez Aristóteles comentó que "casi todo ya estaba inventado"; de hecho, a pesar de ser un gran pensador que trajo muchos avances, Aristóteles estableció como dogmas muchos de los grandes prejuicios filosóficos.

Aunque siempre encontrará gente que lo inste a regresar al rebaño, también encontrará gente, aunque poca, que lo apoyará, lo animará y hasta le compartirá ideas para mejorar la suya.

La innovación

Una clase de personas que realmente admiro es la inventora, la que innova. Ella domina en general un área experta de tal manera que crea mejoras o nuevos productos. Hay innovadores en todas las áreas, desde la robótica hasta la literatura o la política. En el mundo se han generado grandes nombres como Leonardo Da Vinci, los hermanos Wright, Marconi, Graham Bell y Thomas Edison.

La innovación no necesariamente requiere de capital económico; más bien requiere de gente ingeniosa que lucha de manera perseverante para conseguir un objetivo. A muchos inventores los han tachado de locos o han sido arrestados debido a la incredulidad de la gente en que pudieran lograr sus sueños. Han tenido que pasar muchos años para que la humanidad creyera que existirían los aviones, que nos podríamos comunicar a través del aire a grandes distancias, que usaríamos la electricidad para transmitir sonidos y que generaríamos luz al usar un filamento incandescente electrificado.

Si se está buscando una idea de negocio, hay que recurrir a la innovación. Para generar ideas debemos volvernos más perceptivos, abrir la mente y, por supuesto, anotar las ideas antes de que se nos olviden; después, depurarlas. Las innovaciones están en todo lo que nos rodea: en los materiales con los que construimos nuestras casas y nuestros muebles, en los aparatos que nos ayudan, en la manera en que trabajamos y hasta en la forma de crear arte. El que innova está generando algo tan diferente que, de forma inmediata, genera una demanda de compra. Edison murió con una fortuna más allá de lo que jamás soñó, así que innovar puede ser una buena inversión. Usted puede innovar de muchas maneras, desde inventar un nuevo producto, hasta encontrar una nueva manera de producirlo o de vender. También puede innovar al mejorar sus procesos. Las innovaciones pueden ser muy grandes o muy pequeñas, pero que, una vez sumadas, cobran importancia.

Por último, recuerde que **"la innovación es un 2% de inspiración y 98% de transpiración"**, así que no se desespere si le toma mucho tiempo y esfuerzo concretar sus ideas. De preferencia, conforme un equipo que le ayude a concretar en un menor tiempo el proyecto.

Los estados financieros

En este libro no podemos revisar todos los estados financieros que existen ni aprender contabilidad a detalle, ya que esto por sí mismo toma varios tomos completos, pero lo que sí podemos hacer es aprender cuatro puntos simples y básicos: el estado de resultados o pérdidas y ganancias, el balance general, el reporte del flujo de efectivo, que es un derivado de los anteriores, y, por último, el enfoque que debemos dar a nuestros gastos, ingresos, posesiones y deudas para facilitarnos la vida financiera.

El estado de pérdidas y ganancias no es más que hacer una lista de nuestros ingresos y restar nuestros gastos para un período de tiempo, generalmente mensual o anual. Lo que resulta es el superávit o déficit que tenemos. Fijémonos en el ejemplo siguiente de un vendedor de una empresa (suponiendo que es el único ingreso familiar):

Estado de pérdidas y ganancias de un vendedor (dólares)

Ingresos		
Ingresos fijos	$1,000	
Ingresos por comisiones	$2,000	
Menos impuestos	-$500	
Subtotal ingresos		$2,500
Egresos		
Mensualidad coches	$500	
Hipoteca	$700	
Comida	$500	
Colegiaturas	$200	
Pago tarjeta de crédito	$300	
Varios	$200	
Subtotal egresos		$2,400
Resultante (ahorro)		$100

En resumen, esta familia tiene un ingreso típico de un ejecutivo medio alto, después de pagar impuestos, sus siguientes egresos fuertes son una hipoteca y el pago del préstamo de un par de automóviles, y no podía faltar el pago de la tarjeta de crédito. Finalmente, la familia tiene excedente mensual de cien dólares, los cuales seguramente terminarán en unas vacaciones o en los regalos navideños. Para una empresa este estado financiero es casi igual, solamente que los impuestos están calculados antes del resultante.

El otro estado financiero de importancia es el que se conoce como **balance general**, que tiene dos formas de manejarse. La primera forma, usada para fines de finanzas personales, consiste en hacer una lista de lo que se posee y lo que se debe. La segunda forma es bajo el esquema de que los activos equivalen a los pasivos más el capital; en otras palabras, de todos los bienes que uno tiene bajo control, incluyendo el efectivo y las cuentas bancarias, saber cuánto se debe (pasivos) y cuánto no se debe (capital); al final, cuando resta lo que debe de los activos, puede saber realmente cuánto tiene en su haber. Veamos el siguiente ejemplo correspondiente al mismo vendedor del ejemplo de estado de pérdidas y ganancias al final del mes:

Balance general de un vendedor (dólares)

Activos			Pasivo	
Dinero en el banco	$1,100		Dos automóviles	$30,000
Dos automóviles	$35,000		Casa	$60,000
Casa	$75,000		Subtotal pasivos	$90,000
			Capital (Activos- Pasivos)	$21,100
Subtotal activos	$111,100		Pasivo + Capital	$111,100

Analizando el balance de esta familia, se observa que debe la gran mayoría de sus activos. Este es un típico comportamiento de las familias de clase media que acostumbran vivir al tope de su capacidad financiera y no ahorran nada al final del mes, tal cual se observa en el estado de resultados.

Administrarse financieramente como esta familia es una invitación al caos, ya que cualquier fluctuación en su nivel de ingresos tiene como consecuencia la insolvencia inmediata. Si este vendedor pierde su empleo y no consigue rápidamente ningún otro ingreso, sólo tiene un par de semanas o a lo sumo un par de meses antes de caer en quiebra; está en riesgo de perder todos sus bienes, incluyendo sus coches, casa y, en última instancia, hasta su matrimonio.

El último de los estados financieros, el flujo de efectivo, indica los movimientos de la caja registradora o cuenta bancaria. Es muy similar a un estado de pérdidas y ganancias, con la salvedad de que considera la efectividad en la cobranza, así como en los pagos. En otras palabras, si mis cuentas por cobrar son relevantes, puedo caer en quiebra no por falta de rentabilidad, sino por insolvencia o falta de liquidez. En el siguiente ejemplo doy continuidad al mismo caso, en donde, a partir de tener una posible utilidad, el vendedor puede tener insolvencia por falta de cobranza de parte de sus ingresos. Es muy probable que esta persona incumplirá con alguno de sus egresos. A lo mejor no paga la hipoteca y empieza a incurrir en gastos de cobranza.

Estado de flujo de efectivo (dólares)

Efectivo inicial		$1,100
Ingresos efectivamente cobrados		
Ingresos fijos	$1,000	
Menos impuestos	-$500	
Subtotal ingresos		$500
Egresos		
Mensualidad coches	$500	
Hipoteca	$700	
Comida	$500	
Colegiaturas	$200	
Pago tarjeta de crédito	$300	
Varios	$200	
Subtotal egresos		$2,400
Efectivo final		-$800

El cuarto punto importante de los estados financieros es acerca del enfoque que le tenemos que dar principalmente a nuestros gastos para obtener una mayor seguridad financiera. Para visualizar mejor dónde estamos y a dónde queremos ir tenemos que empezar por analizar nuestros ingresos; es decir, tenemos que preguntarnos de dónde vienen y de dónde queremos que vengan. Los ingresos del vendedor vienen de una sola fuente que está más allá de su control, por lo que debe buscar ingresos provenientes de inversiones que poco a poco puede ir realizando, pero para tener recursos para invertir, primero tiene que reducir sus gastos.

Una manera de analizar los activos que se tienen es clasificarlos como **generadores o consumidores de nuestros ingresos.** Un activo que solamente genere gastos es un activo consumidor de ingresos, aunque nos brinde una comodidad o un servicio. Por ejemplo, vehículos costosos como los del vendedor realmente dan el mismo servicio que otros vehículos que se pudieran comprar de contado, aunque fueran más austeros. Las casas pueden ser otros activos consumidores de ingresos, ya que generalmente no implican un ingreso a futuro, solamente nos evitan el pago de una renta. La tasa de rentabilidad de sustituir una renta por una compra de casa se puede obtener dividiendo el monto de la renta entre el precio por el que se pagaría la casa. Obviamente, al igual que con los vehículos, entre más grande y lujosa sea una casa, mayores serán los ingresos que se le tendrán que destinar.

Los activos generadores de ingreso son aquellos que, en lugar de ir perdiendo valor con el tiempo e ir generando gastos de mantenimiento, generan una utilidad y, a veces, también permiten auto generar trabajo. Ejemplos de activos generadores pueden ser la participación en fondos de inversión, la compra o construcción de bienes inmuebles para su posterior reventa o renta, la compra de herramientas de trabajo, la compra de inventario para una tienda o establecer algún negocio que genere utilidades. Estos activos generan un flujo de efectivo o ingresos que de igual manera puede reinvertirse en más activos generadores de ingreso, lo que eventualmente implica tener una mayor seguridad financiera ante la falta de un empleo. Estos activos son heredables y pueden ir creciendo generación tras generación.

Este vendedor, tras cambiar sus hábitos de consumo e inversión, puede cambiar sus estados financieros en unos años a los que siguen:

Estado de pérdidas y ganancias de un vendedor (dólares)

Ingresos		
Ingresos fijos	$2,000	
Ingresos por comisiones	$1,000	
Ingresos por inversiones	$500	
Menos impuestos	-$500	
Subtotal ingresos		$3,000
Egresos		
Mensualidad coches	$0	
Hipoteca	$400	
Comida	$500	
Colegiaturas	$200	
Pago tarjeta de crédito	$0	
Varios	$300	
Reinversión	$500	
Subtotal egresos		$2,900
Resultante (ahorro)		$1,100

Balance general de un vendedor (dólares)

Activos		Pasivos	
Dinero en el banco	$5,000	Dos automóviles	$0
Dos automóviles	$12,000	Casa	$40,000
Casa	$75,000	Subtotal pasivos	$40,000
Inversiones	$20,000		
		Capital (Activos- Pasivos)	$72,000
Subtotal activos	$112,000	Pasivo + Capital	$112,000

Al notar los cambios en el estilo de vida de este vendedor, sus vecinos pueden llegar a la conclusión de que es menos exitoso que cuando mantenía su anterior estilo de vida, ya que vive en la misma casa, pero ahora usa vehículos más austeros, sin embargo si revisan los números, se encontrará que este mismo vendedor sigue obteniendo los mismos ingresos de su empleo tradicional, pero ahora puede conservar su nivel de vida sin problemas en caso de perder su empleo, ya que sus gastos están cubiertos por sus ingresos por inversiones. Hay que notar que reinvierte todos sus ingresos provenientes de inversiones. Si este vendedor sigue reinvirtiendo sus ahorros, en algunos años podrá tener autos y casas lujosas sin ningún riesgo, su nivel de vida no caerá bruscamente si pierde su empleo y heredará a sus hijos una fuente de ingresos que de otra manera no hubiera logrado.

Plan de vida económica

Es indispensable tener un plan estratégico financiero que lo guíe. Si no sabe dónde está y a dónde encaminarse, entonces no llegará a ningún lado. Este plan puede establecerse a un año, cinco años, diez años, veinte años o más y consiste básicamente en estos tres pasos:

Primero, redacte fielmente su situación financiera actual valiéndose de los estados financieros. Segundo, redacte la situación financiera que le gustaría tener en un tiempo futuro, haciendo uso también de los estados financieros. Tercero, establezca y redacte una ruta por la cual pueda llegar a la situación deseada a partir de la situación actual. A veces es necesario establecer diversos escenarios que modifiquen su ruta, tales como las medidas que tomaría en una crisis económica comparadas con las medidas tomadas en un apogeo económico.

Es importante describir bien la fuente de sus ingresos y ser realista en cuanto a su situación futura. Si hoy no tiene para pagar el alquiler y quiere ser la persona más rica del mundo en diez años, lo más probable es que no pueda encontrar un camino realista para lograrlo y su plan no le servirá de guía.

Obtención de financiamiento

Una de las barreras mentales para empezar un proyecto es objetar que no se tiene capital. Todos nos hemos dejado influenciar al menos una vez por este bloqueo. Cuando un proyecto es bueno, no falta quien quiera participar y poner los recursos económicos, pero es importante que usted genera la confianza suficiente en que el proyecto se va a realizar de la mejor manera. **Hacer proyectos en los que se ayuda a otros a generar riqueza también genera riqueza para nosotros.** Siempre hay que buscar acuerdos en que todas las partes puedan ganar. Debemos considerar que los inversionistas buscan que su dinero esté seguro, que será bien aplicado y, por supuesto, que generará utilidades. Conviene que los proyectos que se desarrollen estén dentro de nuestras áreas expertas, ya que es la única forma real de generar seguridad.

Lo primero que tiene que hacer es estimar los números de un proyecto para que los inversionistas sepan lo que tienen que invertir y lo que van a recuperar. Para esto puede emplear los formatos del estado de resultados y el balance general para hacer una proyección a varios meses o años. Calcule el punto de equilibrio entre ganancias y pérdidas. Es recomendable que utilice indicadores que resuman la eficiencia y el rendimiento del proyecto, así como gráficas.

Lo segundo que tiene que hacer es fundamentar los números con datos de mercado y otra información de la industria en que vaya a participar. Por ejemplo, para el caso del mercado inmobiliario puede incluir estadísticas de precio de las construcciones, el crecimiento poblacional de la región, apoyos gubernamentales y estándares de préstamos bancarios. Para el caso de un restaurante de comida rápida, puede incluir un análisis de la población del área en donde se quiere ubicar, precios de la competencia y costos de alquiler.

Una vez que ha reunido los números y los datos, puede preparar un plan de negocios para salir con él a la calle. **El plan de negocios debe ser simple y fácil de entender.** La claridad debe regir ante todo. Después, busque prospectos de inversionistas que tengan el capital para invertir, pero que no tengan tanto capital como para que les parezca una distracción. Es importante buscar primero entre aquellas personas con las que existe una confianza mutua; es decir, el inversionista debe tener confianza en usted, pero también usted debe confiar en él, ya que **una sociedad es como un matrimonio: se basa en la confianza.**

Sea cuidadoso con la selección de socios. Un socio puede ser un gran aliado, pero también puede ser un dolor de cabeza y, cuando se tiene un negocio en sociedad, puede haber tantos problemas que se pierda el negocio. "Más vale solo que mal acompañado". Sin embargo, a veces, cuando se juntan dos talentos complementarios es que se llegan a concretar proyectos formidables. Un amigo cercano con el que suelo hacer deporte tiene un socio con el que se entendió muy bien y desde hace dos décadas han estado trabajando juntos, cada uno con sus funciones y responsabilidades bien delimitadas, y tomando las decisiones en conjunto cuando así lo amerita.

Diversificación por duración de la inversión

Las metas financieras están supeditadas y relacionadas con un objetivo no financiero; es decir, hay objetivos o metas diferenciadas para cada inversión. Por ejemplo, pagar las colegiaturas contribuye a la formación de un hijo y proyectar su futura independencia, por lo que hay tipos de inversiones adecuadas para objetivos de este tipo, en base al horizonte temporal y al rendimiento esperado, que para este caso sería un horizonte temporal de mediano plazo y un rendimiento mediano. Otro ejemplo es un fondo de emergencia, en donde lo importante es tener liquidez inmediata y no importa mucho si la rentabilidad sea baja, mientras su riesgo sea nulo. Un tercer caso es una inversión con el objetivo de aumentar un patrimonio a largo plazo, por lo que se puede tolerar un poco más de riesgo y una mayor dificultad en la salida del capital del proyecto de inversión. Como este caso están el invertir en alguna empresa incipiente, en donde no hay certidumbre de cuándo se va a tener el capital de regreso, y la compra de acciones, en donde hay que soportar altibajos de corto plazo.

Es cauto tener una diversificación de las inversiones por facilidad de salida de acuerdo al objetivo de cada inversión. No hay que confundir el concepto de salida del capital con el de período de recuperación del capital, ya que este último se refiere al comparativo de la utilidad esperada en el tiempo contra el monto invertido, mientras que el primero se refiere al hecho de poder retirar el efectivo del proyecto. Cuando se invierte en un fondo de inversión, normalmente se estipulan en un contrato los tiempos en los que se puede vender, ya sea de forma diaria, mensual, bimestral, semestral o anual, de manera que si se hace un contrato anual, habrá que esperar todo un año para poder retirar el dinero. Una capacidad de salida del capital de este tipo suele ser relativamente fácil. Cuando se invierte en un negocio de forma directa y ese efectivo se usa para comprar maquinaria o un bien raíz, hay una dificultad de salida del capital exponencialmente mayor, por lo que hay que considerar un horizonte temporal mucho más largo. Una inversión de este tipo no puede ser considerada como un fondo de emergencia.

Para visualizar de mejor forma este concepto desarrollé esta matriz de duración de inversión, en donde se puede observar que una inversión de la cual es fácil salirse y que tiene poca rentabilidad se puede considerar de poca duración, mientras que una de alta rentabilidad, pero con gran dificultad para retirarse, puede ser considerar de alta duración. Lo recomendable es iniciar con inversiones de fácil salida aunque se tenga poca rentabilidad e ir pasando poco a poco a inversiones que impliquen una mayor duración.

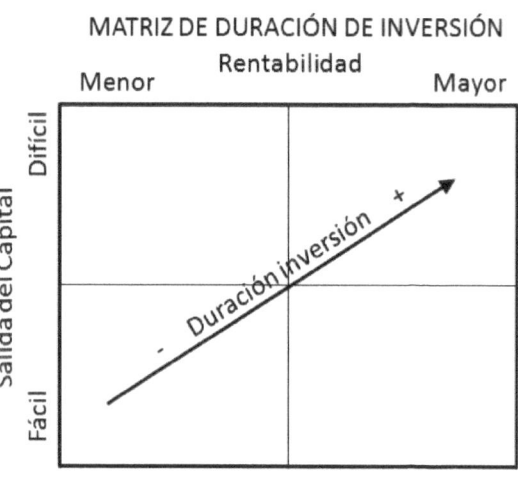

Contratación de consultores

La consultoría es cara, pero efectiva. Hay mucha gente que ha desarrollado ciertas áreas expertas y nos vende su experiencia y parte de su tiempo. Este costo puede parecernos alto, pero resulta barato si consideramos el costo de equivocarnos.

Se puede contratar consultoría en cualquier área de negocios, tales como desarrollo de imagen, planeación estratégica competitiva, reingeniería de procesos, control de calidad, desarrollo de sistemas de información, desarrollo de productos, desarrollo humano, desarrollo de la publicidad y mercadotecnia integral, contabilidad y estrategias fiscales, entre muchas otras.

Contratar consultores tiene múltiples ventajas, pero principalmente son dos: gran experiencia y la ausencia de compromisos de empleo a largo plazo. El consultor termina su trabajo y se va. Mis primeros empleos, antes de emprender negocios por mi lado, fueron en grupos internacionales de consultoría, analizando procesos y volviéndolos eficientes. Nuestros clientes nos contrataban porque no tenían el tiempo para hacer cambios radicales ellos mismos y porque confiaban en que un consultor externo tendría menos barreras para implementar esos cambios. En los negocios es común delegar parte de las actividades para concretar proyectos a profesionistas o consultores independientes (freelancers), quienes además de tener las herramientas adecuadas para ello también tienen la suficiente experiencia para hacer un trabajo de calidad y con rapidez.

Si usted va a emprender un proyecto nuevo puede buscar la consultoría de alguien que ya ha estado en ese negocio. **Es mejor aprender de experiencia ajena que sufrir penalidades.** Cuando reciba asesoría, debe saber discernir entre el consejo que vale y el que no vale la pena. No todos los negocios son iguales y hay que adaptarse a las diferentes situaciones que se presenten.

Políticas de una nación para salir de pobres

Las finanzas gubernamentales son, en su forma más pura, bastante parecidas a las finanzas de una empresa o de una persona: si se produce poco y se gasta y endeuda mucho, se termina trabajando para pagar los intereses. Para que un país se vuelva rico tiene que generar cada vez más productividad; es decir, tiene que hacer más negocios que le sean rentables. Se tiene que crear un programa de sustitución de importaciones, considerando inclusive a la deuda como una importación, ya que es la primera área de oportunidad a la mano. Posteriormente, el país debe producir artículos que se puedan exportar y generar un ingreso, para lo cual debe apoyar la educación, el desarrollo tecnológico y la construcción de infraestructura.

Un error recurrente de los gobiernos es endeudarse para cubrir su gasto corriente, en especial cuando la deuda es en una moneda extranjera respecto a la cual se es susceptible de sufrir una devaluación. La adquisición de deuda para solventar desarrollo de infraestructura pudiera ser rentable siempre y cuando se tenga plena seguridad de que cada proyecto puede generar recursos suficientes para cubrir el pago de los intereses correspondientes, ya sea de

forma directa al cobrar a los usuarios una cuota por uso, o indirectamente por una recaudación de impuestos producto del mismo proyecto.

Un gobierno tiene que lograr que la riqueza y el bienestar lleguen a sus ciudadanos, para lo cual tiene que procurar que ellos puedan trabajar, ahorrar e invertir con equidad de oportunidades. Los países más pobres son aquellos que no generan trabajos y que no fomentan el ahorro y la inversión, además de que tienen menores niveles educativos.

Siguiendo el mismo camino que hemos mencionado anteriormente: trabaje-ahorre-invierta, el primer paso de un país es generar trabajos bien remunerados, lo cual se logra principalmente haciendo crecer la economía, educando a la población, fomentando las inversiones y la creación de empresas dentro del país, así como las exportaciones. Si la población tiene trabajo bien remunerado, tendrá la oportunidad de invertir y crecer económicamente.

El segundo paso que debe seguir el gobierno es facilitar el ahorro, lo cual se puede lograr al mantener una economía estable con poca inflación y el acceso a servicios económicos, incluyendo los servicios bancarios. Si como país se fomenta la eficiencia, ese ahorro eventualmente se traduce en inversión.

Por último, el tercer paso es proteger y fomentar las inversiones. Siempre hay que darle prioridad al capital nacional sobre el capital extranjero, para que eventualmente el producto de las inversiones se quede a nivel nacional, pero respetar las inversiones extranjeras que ya se encuentran dentro del país. Se debe facilitar el acceso a nuevas tecnologías y buscar abrir las fronteras para poder exportar. Hay que motivar a los individuos para que desarrollen nuevos productos y tecnologías, lo que después les permitirá gozar de sus creaciones.

Es básico que el gobierno promueva la igualdad de oportunidades y la transparencia. Cuando se presenta la corrupción y cuando los proyectos y las concesiones que otorga un gobierno a inversionistas se concentran en los amigos de los que gobiernan se presenta un ambiente de desconfianza. Un gobierno que promueva una menor desigualdad entre sus ciudadanos procurará que todos tengan las mismas oportunidades de participar en cualquier industria del país; es decir, evitará los monopolios y la concentración o dominancia excesiva de algunas empresas.

Seguramente se estará preguntando por qué he decidido tratar el tema de las finanzas y la economía de un país, si el tema de este libro es más bien el de las finanzas personales. La respuesta es que nuestras ventas y gastos pueden verse afectados por la situación económica de un país. Si un gobierno derrocha sus recursos quedándose sin reservas, en cualquier momento puede generarse una crisis en la macro economía que ponga en riesgo nuestra micro economía. En cambio, si un gobierno es bien administrado y mantiene una deuda mínima o nula, podemos estar tranquilos de que no se va a presentar una crisis por insolvencia del gobierno.

Resumen paso tres: invierta

El tercer y último paso para salir de pobres es invertir. Invertir consiste en destinar los ahorros a conceptos que generen ganancias. Nuestro tiempo también es un activo que puede invertirse.

La primera opción en la que debe pensar en invertir es en aquella que le genere más trabajo. Sea empleado o no, debe empezar por invertir en usted mismo; es decir, en mejorar sus capacidades y su educación. Tener más trabajo también significa tener más ventas, si lo ve desde el punto de vista de un profesionista independiente o del de un empresario.

El segundo concepto en el que debe considerar realizar inversión es en aquello que reduzca sus costos, sabiendo exactamente cuánto ahorro en costo se va a generar y sin riesgo. Estas dos primeras opciones son las más importantes y prioritarias sobre las demás.

Una tercera opción para invertir es en instrumentos bursátiles, ya sea directamente o a través de fondos de inversión, considerando el nivel de riesgo de cada instrumento. Esta alternativa hay que tomarla como una alcancía o forma de ahorro en lo que se encuentra alguna inversión mejor. No es recomendable querer vivir de la especulación, porque a veces falla.

Una cuarta opción para invertir es en bienes raíces. Este tipo de inversión es de riesgo relativamente bajo y hay que considerar que las posibles ganancias vienen principalmente de dos fuentes: por un posible alquiler y por la plusvalía, la cual se vuelve más atractiva si se maneja con cuidado un posible apalancamiento. Puede considerar la compra de una casa para habitarla y sustituir el pago de un alquiler.

Una quinta opción para invertir es en una empresa con potencial. Hay una gran cantidad de empresas de todos los tamaños con buenas perspectivas de crecimiento deseosas del apoyo de inversionistas. Lo único que necesita es cuidar que los socios sean confiables y calcular las dificultades que puedan existir en caso de que quiera retirarse del proyecto.

El sexto y último lugar para destinar una inversión es crear una empresa. Esta opción es la más riesgosa y realmente debe de tener vocación genuina en lo que será el proceso central de la empresa. Antes de embarcarse en una inversión de este tipo necesita tener una fuente adicional de ingresos para minimizar el riesgo de insolvencia al arrancar. Debe buscar que la estructura de costos fijos sea mínima.

Una herramienta útil para seleccionar inversiones es calificarlas mediante una sistema ponderado que considere los riesgos, el capital requerido, la rentabilidad esperada, el flujo de efectivo, los costos de entrada y de salida, así como el tamaño y la competitividad del mercado, y algún otro factor que se considere conveniente.

El gran secreto de la reinversión es que está beneficiada por el efecto del interés compuesto; es decir, no crece de forma lineal sino exponencial, por lo que cada vez se avanza más rápido.

Por su parte, el efecto del interés compuesto también puede jugar en nuestra contra si se administra mal una deuda. Cuando se contrae una deuda, ya sea de tarjeta de crédito, automotriz o hipotecaria, los pagos mínimos en general consideran el pago del interés generado y solamente una pequeña parte del capital, de forma que siempre es conveniente considerar un pago aunque sea ligeramente mayor para que la diferencia sea aplicada al capital.

Al buscar dónde invertir debe ser cauto, analizar de forma realista cada alternativa y no caer en el negativismo. De ser posible busque algún mentor que tenga experiencia en el área. Evite los negocios tipo pirámide y aquellos que ofrezcan rendimientos altísimos, ya que puede tratarse de una estafa.

Los estados financieros conocidos como el estado de ganancias y pérdidas, el estado de flujo de efectivo y el balance general nos ayudan a contestar preguntas como cuánto de los ingresos personales se puede destinar al ahorro, cuánto es nuestro patrimonio real y qué áreas de oportunidad tenemos para mejorar nuestras finanzas.

Por último, aquellas inversiones que son a un plazo mayor deben prometer una mayor rentabilidad, mientras que es permisible para aquellas en las que se pueden retirar los recursos con facilidad, tener una menor rentabilidad. Un fondo de ahorro del que se puede retirar en cualquier momento va a ofrecer un interés menor a la utilidad esperada de invertir en bienes raíces o en alguna empresa.

Ejercicio: plan de inversión

Para este ejercicio necesita investigar diferentes opciones de inversión y analizarlas.

1. Defina cuánto quiere invertir. Analice sus ingresos y gastos actuales y defina un monto mensual destinado a inversión, sin importar cual sea.

2. Enlistar opciones de inversión. Si está casado, usted y su cónyuge hagan, cada quien, una lista de opciones de inversión y después júntenlas en una sola. No se deben depurar ni cuestionar en este punto las diferentes opciones, por muy alocadas que parezcan. Se trata simplemente de enlistar todas las opciones posibles.

3. Evaluar las opciones y elegir las más convenientes. Esta es la parte crítica de este ejercicio. Usando las herramientas descritas en el libro califique cada una de las ideas del listado usando un sistema

ponderado que considere el riesgo, la inversión, el rendimiento, costos de entrada y de salida del negocio, cuántos costos fijos se tienen y todos los otros factores. Se pueden elegir varias opciones de inversión al mismo tiempo. Debe considerar en las opciones de inversión que puede invitar a inversionistas externos a participar.

Pasos a seguir para salir de pobres

Este libro se puede condensar en unos pocos pasos o requisitos que a largo plazo lo guiarán a salir de pobre. Entre más pasos se cumplan, más posibilidades habrá de generar un progreso.

Trabajar con valores, con esmero y buscando superarse en un área donde tenga vocación.

Evitar lujos innecesarios y ahorrar.

Usar el apalancamiento con cautela y liquidar las deudas en cuanto sea posible.

Aprender a calcular y analizar los números de un posible proyecto.

Tener una o dos áreas expertas.

Leer las noticias y estar al tanto de lo que sucede en el mundo.

Leer libros de finanzas.

Establecerse metas financieras de uno a diez años.

Establecer una estrategia general para alcanzar esas metas.

Invertir en lo que genere más ingresos o disminuir gastos propios, empezando por una mayor educación y herramientas productivas.

Invertir en proyectos de preferencia con rendimientos de dos o más dígitos.

Reinvertir todo o parte de las utilidades.

Crear proyectos de inversión e invitar a capitalistas a invertir.

No deje de leer

La lectura mantiene nuestra mente alerta a nuevas maneras de manejar las cosas. Leer fomenta la introspección, corrige nuestra manera de pensar y amplía la visión que tenemos. Si lee cinco o diez minutos diarios y cada día aprende uno o dos conceptos, con el tiempo habrá aprendido muchas cosas. Se dice que "más sabe el Diablo por viejo que por diablo". Por otro lado, no se quede solamente en la lectura, aplique sus conocimientos en el día a día.

Unas últimas palabras

Como despedida, le deseo de todo corazón que vea florecer sus finanzas. Espero que los conceptos aquí expuestos le hayan sido de ayuda y de motivación para emprender algún proyecto. Nunca deje de luchar por mejorar; recuerde que lo que no crece, muere. No importa su nivel de vida, clase social o educativa, siempre tiene la posibilidad de salir adelante y mejorar sus finanzas. Verá que la angustia y la incertidumbre sobre si podrá pagar sus cuentas en un futuro desaparece y empieza a vivir con una mayor tranquilidad y sin úlceras nerviosas. Si sigue la fórmula Trabaje – Ahorre - Invierta, seguramente en cinco o diez años su situación será radicalmente mejor. Nunca es tarde para empezar a salir de pobre.

Anexo 1
Parábola de los granos de maíz

Los números del caso de los granos de maíz que se duplican por cada casilla de un tablero de ajedrez son los siguientes:

Casilla	Granos acumulados	Casilla	Granos acumulados
1	1	33	8,589,934,591
2	3	34	17,179,869,183
3	7	35	34,359,738,367
4	15	36	68,719,476,735
5	31	37	137,438,953,471
6	63	38	274,877,906,943
7	127	39	549,755,813,887
8	255	40	1,099,511,627,775
9	511	41	2,199,023,255,551
10	1,023	42	4,398,046,511,103
11	2,047	43	8,796,093,022,207
12	4,095	44	17,592,186,044,415
13	8,191	45	35,184,372,088,831
14	16,383	46	70,368,744,177,663
15	32,767	47	140,737,488,355,327
16	65,535	48	281,474,976,710,655
17	131,071	49	562,949,953,421,311
18	262,143	50	1,125,899,906,842,620
19	524,287	51	2,251,799,813,685,250
20	1,048,575	52	4,503,599,627,370,490
21	2,097,151	53	9,007,199,254,740,990
22	4,194,303	54	18,014,398,509,482,000
23	8,388,607	55	36,028,797,018,964,000
24	16,777,215	56	72,057,594,037,927,900
25	33,554,431	57	144,115,188,075,856,000
26	67,108,863	58	288,230,376,151,712,000
27	134,217,727	59	576,460,752,303,423,000
28	268,435,455	60	1,152,921,504,606,850,000
29	536,870,911	61	2,305,843,009,213,690,000
30	1,073,741,823	62	4,611,686,018,427,390,000
31	2,147,483,647	63	9,223,372,036,854,780,000
32	4,294,967,295	64	18,446,744,073,709,600,000

Glosario

Acción. Título de valor que representa una parte proporcional en el capital de una sociedad mercantil y que da derecho a una parte proporcional en el reparto de beneficios y a la cuota patrimonial correspondiente en la disolución de la sociedad.

Activo. Bienes o derecho con valor monetario que es propiedad de una empresa, institución o individuo.

Ahorro. Dinero guardado para un uso futuro.

Apalancar. Elevar el grado de endeudamiento de una empresa.

Alquiler. Precio por el que un bien mueble o inmueble se toma de alguien para usarlo por un tiempo convenido.

Área experta. Conocimiento que se tiene con gran experiencia en determinada materia.

Arrendamiento. Acción por la cual se cede o adquiere por un precio el goce o aprovechamiento temporal de cosas, obras o servicios.

Autoempleo. Situación laboral de la persona que crea un puesto de trabajo para sí misma, aporta el capital necesario para ello y dirige su propia actividad, tratándose normalmente de un profesionista que ofrece sus servicios de forma independiente.

Balance general. Estado financiero que indica la proporción de los activos que están financiados por deuda y por capital social.

Barreras de entrada. Obstáculo que presenta determinada industria o tipo de negocio para poder arrancar operaciones, implicando normalmente una mayor o menor inversión inicial y afectando la intensidad de la competencia en el mercado. Forma parte del análisis de Michael Porter de las fuerzas de competencia básicas.

Barreras de salida. Factores que dificultan la salida de los competidores de una industria, implicando normalmente una mayor o menor pérdida al suspender operaciones. Forma parte del análisis de Michael Porter de las fuerzas de competencia básicas.

Bien raíz. Bien inmueble.

Bolsa de valores. Mercado especializado en la compra y venta de títulos de crédito y acciones bursátiles.

Boston Consulting Group. Grupo de consultoría especializada en estrategia y portafolio corporativo que desarrolló como herramienta de análisis una matriz que considera la tasa de inversión requerida y la participación relativa de mercado de las empresas del portafolio.

Calidad. Conjunto de propiedades inherentes a algo, que permiten juzgar su valor.

Capital. Conjunto de activos y bienes económicos destinados a producir mayor riqueza.

Capitalista de riesgo (Venture Capitalist o VP). Inversionista en empresas nacientes o en crecimiento, normalmente operando de forma profesional como un fondo de inversión.

Certificado o bono de la Tesorería. Pagaré que emite el gobierno para financiarse. Es una referencia en la fijación de tasas de interés.

Ciclo de vida. Diferentes etapas por las cuales atraviesa un producto o una tecnología en relación a su uso y a su demanda.

Control de calidad. Conjunto de mecanismos, herramientas y acciones realizadas para detectar y controlar la presencia de errores.

Costo. Cantidad que se da o se paga por un bien o un servicio, especialmente al que se le va a otorgar un valor agregado para después generar un ingreso.

Crisis económica. Fase de un ciclo económico caracterizada por la disminución en la actividad económica de un país y repercutiendo a nivel individual en una mayor dificultad en vender y cobrar, y en un menor flujo de efectivo.

Delegar. Asignar facultades de decisión, responsabilidades y tareas de un oficio a un tercero para que sean ejecutadas en representación de uno.

Demanda. Cuantía global de las compras de bienes y servicios realizados o previstos por una colectividad.

Derivados. Activo financiero cuyo valor se deriva del de otro activo o de un índice de mercado.

Deuda. Obligación que tiene alguien de pagar, satisfacer o reintegrar a otra persona algo, por lo común dinero.

Diversificación. Estrategia usada por inversionistas para disminuir el riesgo que consiste en repartir la inversión en instrumentos distintos.

Dividendo. Cuota que, al distribuir ganancias una compañía mercantil, corresponde a cada acción.

Economía. Conjunto de bienes y actividades que integran la riqueza de una colectividad o de un individuo.

Economía de escala. Ventaja en costo que una empresa obtiene gracias a la expansión en su producción.

Educación financiera. Conjunto de habilidades y conocimientos que permiten a un individuo tomar decisiones informadas de todos sus recursos financieros.

Efectivo. Dicho del dinero, en monedas o billetes.

Empleo. Acción de ocupar a alguien, encargándole un negocio, comisión o puesto, a cambio de una remuneración.

Emprendimiento. Acción y efecto de acometer y comenzar una obra, un negocio o un empeño, especialmente si encierra dificultad o peligro.

Estadística. Estudio de los datos cuantitativos de la población, de los recursos naturales e industriales, del tráfico o de cualquier otra manifestación de las sociedades humanas. Rama de la matemática que utiliza grandes conjuntos de datos numéricos para obtener inferencias basadas en el cálculo de probabilidades.

Estado de resultados (estado de pérdidas y ganancias, estado de rendimiento). Estado financiero que muestra los ingresos, los gastos y el remanente o utilidad de un período o proyecto.

Factor carcacha. Elemento o causa de que un sistema pierda eficiencia o rapidez. Analogía respecto a un vehículo desvencijado que es conducido a muy baja velocidad causando tráfico lento.

Financiamiento. Aportación del dinero necesario para una empresa, independientemente de su fuente.

Finanzas. Administración de los recursos económicos de un individuo o empresa.

Flujo de efectivo. Estado financiero que muestra la variación de entrada y salida del efectivo en un período determinado.

FODA. Acrónimo de herramienta de análisis basada en la descripción de las fuerzas, oportunidades, debilidades y amenazas para determinado proyecto.

Fondo de inversión. Institución de inversión colectiva que consiste en reunir fondos de distintos inversores para invertirlos en diferentes instrumentos financieros.

Franquicia. Concesión de derechos de explotación de un producto, actividad o nombre comercial otorgada por una empresa a una o varias personas en una zona determinada, incluyendo normalmente restricciones en los sistemas de producción y mercadeo, a cambio de una compensación económica y control de insumos.

Futuro. Derivado financiero caracterizado por ser un acuerdo por el que dos inversores se comprometen a comprar o vender en el futuro un activo, fijando en el momento actual las condiciones básicas de la operación, entre ellas fundamentalmente el precio.

Ganancia. Utilidad que resulta del trato del comercio o de otra acción.

Gasto. Dinero desembolsado para obtener un servicio o un bien, generalmente no recuperable.

Hipoteca. Crédito garantizado generalmente por un bien inmueble.

Impuesto. Tributo que exige el gobierno.

Independencia financiera. Capacidad de un individuo

de cubrir sus necesidades económicas sin que tenga que realizar ningún tipo de actividad de forma personal.

Ingreso. Cantidad que recibe un individuo o empresa por la venta de sus productos o servicios.

Ingreso pasivo. Fuente de ingreso que no requiere de actividad de forma personal para recibirla por parte del beneficiario.

Innovación. Creación o modificación de un producto y su introducción en un mercado.

Insolvencia. Incapacidad de pagar una deuda.

Integración horizontal. Estrategia de expansión en la que se busca ampliar la venta de productos a mercados similares en diferentes regiones, así como ampliar la gama de productos considerando insumos similares.

Integración vertical. Estrategia de expansión en la que se busca cubrir parte del proceso productivo, ya sea de un proveedor al sustituir un insumo, o de un cliente al producir sus productos o sustituirlo en la distribución o venta minorista.

Interés (simple). Monto adicional a un fondo que se paga como precio por hacer uso de él en calidad de préstamo.

Interés compuesto. Es el precio que se paga por hacer uso de un préstamo así como por los intereses no liquidados previamente.

Inventario. Productos, suministros y materias primas en posesión de una empresa o persona y que están destinados a alguna operación, sea de compra, alquiler, venta, uso o transformación.

Inversión. Colocación de capital en alguna actividad económica con la finalidad de alcanzar un rendimiento económico.

Inversionista ángel. Individuo que provee de conocimientos y capital a una empresa emergente, normalmente a cambio de una participación accionaria.

Jerarquía. Estructura organizacional que establece la forma en que se subordinan los diferentes puestos de trabajo.

Jubilación. Pensión que recibe una persona tras haber cumplido su ciclo laboral y deja de trabajar, normalmente mayor de edad.

Liquidez. Capacidad de un bien de ser fácilmente transformado en dinero efectivo.

Lujo. Abundancia de cosas no necesarias.

Mapa de posicionamiento. Herramienta usada en la mercadotecnia que permite conocer la percepción mental que el público consumidor tiene de cada producto respecto a su competencia. Consiste en una matriz bidimensional con al menos dos ejes, uno horizontal y uno vertical, pero puede tener más ejes cuya inclinación depende de la correlación entre las diferentes cualidades medidas.

Mensualidad. Cantidad que se paga mensualmente por una compra aplazada, un servicio recibido o un préstamo. Suele incluir un interés, gastos administrativos y aportación al capital.

Mercado. Sitio público destinado para vender, comprar o permutar bienes o servicios. Conjunto de consumidores capaces de comprar un producto o servicio.

Negocio. Actividad o trabajo que se realiza para obtener un beneficio, especialmente el que consiste en realizar operaciones comerciales, comprando y vendiendo mercancías o servicios.

Nicho de mercado. Porción de un segmento de mercado en la que los individuos poseen características y necesidades homogéneas, y estas últimas no están del todo cubiertas por la oferta general del mercado.

Oferta. Cantidad de bienes o servicios que los productores están dispuestos a vender bajo determinadas condiciones de mercado.

Opción (de compra). Instrumento financiero derivado que se establece en un contrato que da a su comprador el derecho, pero no la obligación, de comprar o vender bienes o valores de un activo a un precio predeterminado, hasta una fecha concreta.

Participación de mente. Facilidad de un consumidor para recordar un producto o marca.

Participación de mercado. Porcentaje de un producto vendido por una empresa en relación a las ventas totales de productos similares de otras compañías que comparten la misma categoría en un mercado específico.

Pasivo. Valor monetario total de las deudas y compromisos que gravan a una empresa, institución o individuo, y que se reflejan en su contabilidad.

Patrimonio. Conjunto de bienes pertenecientes a una persona susceptibles de estimación económica.

Pérdida. Disminución del activo de un negocio cuando los gastos son superiores a los ingresos.

Período de recuperación. Plazo de tiempo que se requiere para que los flujos netos de efectivo de una inversión recuperen su costo o inversión inicial.

Plusvalía. Incremento del valor de un bien por causas extrínsecas a él.

Prima. Costo que ha de pagar un asegurado por la transferencia de un riesgo por determinado tiempo de acuerdo a términos estipulados en un contrato.

Pobre. Persona cuyos ingresos son insuficientes para cubrir sus necesidades básicas.

Promoción. Conjunto de actividades cuyo objetivo es dar a conocer algo o incrementar sus ventas.

Proyecto de inversión. Plan al que se le asigna capital e insumos materiales, humanos y técnicos, cuyo objetivo es generar un rendimiento económico a un determinado plazo.

Quiebra. Interrupción de actividades en un negocio por la falta de efectivo para solventar los pagos mínimos para operar.

Reinversión. Aplicación de los beneficios de una actividad productiva al aumento de su capital.

Renta. Utilidad o beneficio que rinde anualmente algo, o lo que de ello se cobra. Aquello que paga en dinero o en frutos un arrendatario a cambio del goce temporal de un inmueble.

Retorno de inversión. Relación que existe entre la utilidad neta o la ganancia obtenida y la inversión.

Rico. Persona acaudalada.

Riesgo. Incertidumbre para un inversor o entidad financiera derivada de los cambios que se producen en los mercados.

Riqueza. Abundancia de bienes y cosas preciosas.

Salida del capital. Recuperación efectiva de una parte o la totalidad de una inversión en un proyecto.

Seguro. Contrato denominado póliza por el que alguien se obliga mediante el cobro de una prima a indemnizar el daño producido a otra persona o a satisfacerle un capital, una renta u otras prestaciones convenidas.

Socio. Persona asociada con otra u otras para algún fin.

Socio capitalista. Persona que aporta fondos a un negocio a cambio de parte de las acciones.

Tasa interna de retorno o rendimiento (TIR). Porcentaje que representa la rentabilidad de un proyecto a través de un período de tiempo entre la inversión realizada, considerando el Valor Actual Neto como cero.

Trabajo. Esfuerzo humano aplicado a la producción de riqueza. Ocupar un empleo.

Utilidad. Remanente después de restar a los ingresos los egresos.

Utilidad (financiera). Ganancia que se obtiene a partir de un bien o una inversión descontando todos los egresos de los ingresos.

Vaca lechera. Fuente constante de flujo de efectivo.

Valor Presente Neto (VPN). También Valor Actual Neto (VAN). Indicador del valor actual de un flujo de efectivo a lo largo de un periodo de tiempo considerando determinada tasa de interés.

Venta. Transferencia del dominio de un bien por un precio pactado.

Bibliografía

Glatlin, Jonathan, *Bill Gates, The Path to the Future*, Harper Paperbacks, E.A.U., 1999.

Gladwell, Malcolm, *Outliers*, Little, Brown and Company, E.A.U., 2008.

Isaacson, Walter, *Steve Jobs*, Vintage Books, E.A.U., 2011.

International Labour Organization (*www.ilo.org*), *Global Wage Report*, E.A.U., 2015.

United States Census Bureau, *Income by education and sex*, E.A.U., 2006.

Branson, Richard, *The Virgin Way: How to Listen, Learn, Laugh and Lead*, Virgin Digital, Inglaterra, 2014.

Huntford, Roland, *Scott And Amundsen: The Last Place on Earth*, Modern Library, New York, 1999.

Cunningham, Lawrence A., & Buffett, Warren, *The Essays of Warren Buffett: Lessons for Corporate America*, Carolina Academic Press, E.A.U., 2013.

Kiyosaki, Robert, & Lechter, Sharon, *Rich Dad Poor Dad*, Plata Publishing, E.A.U., 2011.

Adair, Gene, *Thomas Alva Edison: Inventing the Electric Age*, Oxford University Press, E.A.U., 1996.

Real Academia Española, (*www.rae.es*), España, 2001.

Agradecimientos finales

Agradezco, amable lector, el haberme acompañado a lo largo de este proyecto *Salir de pobres*. Mucho agradeceré que califique su experiencia de lectura y comparta sus comentarios en el sitio del distribuidor. También se encuentra a su disposición el sitio *www.salirdepobres.com* por medio del cual puede estar al tanto de las últimas noticias, participar en un blog y acceder a contenido adicional.

www.ingramcontent.com/pod-product-compliance
Lightning Source LLC
Chambersburg PA
CBHW030704220526
45463CB00005B/1896